DER ULTIMATIVE SCRUM GUIDE

Ein Buch von
Malte Foegen
Jörg Battenfeld
David Croome
Manuel Dorn
Caroline Gansser
Anna Katharina Kröll
Astrid Meyser
Simon Porro
Claudia Raak

Sie halten eine Anleitung in der Hand
für die erfolgreiche Team- und Projektarbeit
mit zeitgemäßen und schlanken
Formen der Zusammenarbeit.

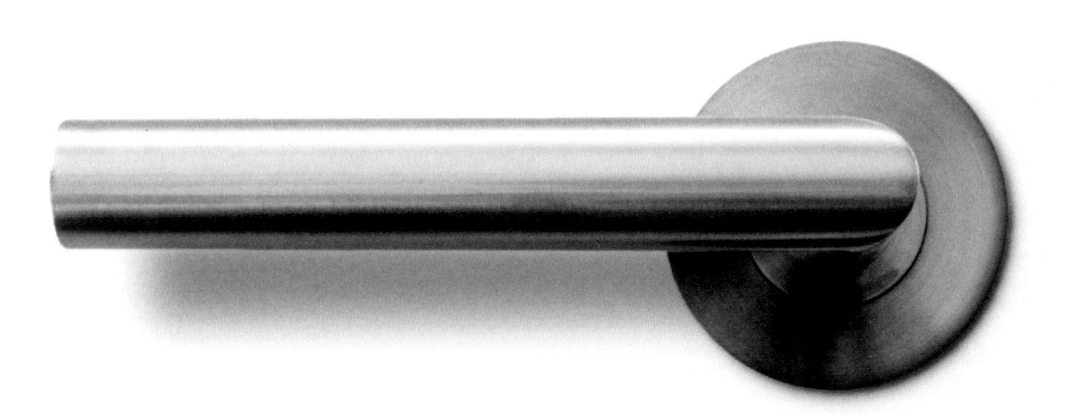

4 ZUNÄCHST EINIGE SCHLÜSSELFRAGEN.

Denken Sie ständig darüber nach, wie Sie **früh und regelmäßig liefern** können?

Glauben Sie an **ermächtigte und selbstorganisierte** Teams?

Versuchen Sie ständig Ihre Arbeitsweise **zu überprüfen und anzupassen**, um besser zu werden?

Ist Ihnen **Transparenz** wichtig?

Ja? Sehr gut! Dann sind Sie hier richtig. »

WILLKOMMEN IM TEAM.

10 BUCHINHALT

12 DER ZWECK VON SCRUM

DIE RUGBY-ANALOGIE

Die Worte „Scrum“ und „Sprint“ stammen aus einer Analogie von Hirotaka Takeuchi und Ikujiro Nonaka aus den frühen Tagen von Scrum. In einem Artikel schrieben sie, dass die Projekte einen anderen Ansatz als den klassischen phasenorientierten Ansatz brauchen „Der traditionelle sequentielle oder ‚Staffellauf‘-Ansatz bei der Produktentwicklung (...) steht im Widerspruch zu den Zielen der maximalen Geschwindigkeit und Flexibilität. Ein ganzheitlicher oder ‚Rugby‘-Ansatz – bei dem ein Team versucht, den Abschnitt als eine Einheit zu gehen, wobei der Ball vor- und zurückgegeben wird – wird die heutigen wettbewerbsorientierten Anforderungen besser erfüllen“. Deshalb wird das Rahmenwerk in Analogie zu Rugby „Scrum“ genannt. Im Rugby ist Scrum eine Formation, bei der sich das Team aneinander klammert, um sich gemeinsam als eine Formation bewegen zu können. Einen Lieferzyklus nennt man einen „Sprint“, ebenfalls in Analogie zu Rugby.

Quelle:
» **Takeuchi, Hirotaka; Nonaka, Ikujiro (January – February 1986). „The New Product Development Game“. Harvard Business Review. Januar 1986**

Es ist ein Rahmenwerk.

Als Rahmenwerk bietet es klare Regeln und Strukturen und ist gleichzeitig offen für individuelle Herangehensweisen. Die Ausgestaltung von Spezifika wie Techniken, Werkzeugen oder Zeitdauern bleibt den Teams überlassen.

Scrum orchestriert die Rollen, Ereignisse, Artefakte und Regeln einer effektiven Teamarbeit.

Scrum ist innovativ in seinem schlanken Ansatz, der wenige verschiedene Elemente zu einem auf Lieferung ausgerichteten Rahmenwerk kombiniert.

Scrum spricht insbesondere die Arbeitswerte und -kultur einer modernen Generation an.

Es ist ein Team-Modell.

Scrum adressiert die Zusammenarbeit von Menschen, um hochleistungsfähige Teams zu bilden. Es funktioniert in allen Teams, die die Werte von Scrum leben.

Obwohl Scrum zuerst in IT-Projekten eingesetzt wurde, ist es ein generelles Modell für die Teamarbeit. Es wird in der Zwischenzeit erfolgreich in allen Arten von Umgebungen wie z. B. im Maschinenbau, im Service oder im kreativen Bereich eingesetzt. Es kann in Projekten und in allen Teams, die liefern müssen, angewendet werden.

Die Möglichkeiten sind endlos.

SCRUM IST EIN INNOVATIVES RAHMENWERK DAS DIE KERNELEMENTE GUTER TEAMARBEIT ZUSAMMENFÜGT.

Die agilen Werte und Prinzipien prägen die Art und Weise, wie Scrum gestaltet ist. Wenn gesagt wird, dass sich Scrum von anderen Management-Ansätzen unterscheidet, dann sind es die Werte, die den Unterschied machen. Auf den nächsten Seiten finden Sie die agilen Werte im Detail. Diese sind typisch für moderne Organisationen. Während die agilen Werte von verschiedenen Autoren immer etwas anders sortiert werden, so sind sie letztendlich doch immer die gleichen.

Es gibt verschiedene Rahmenwerke, die auf den agilen Werten aufbauen. Scrum ist das Bekannteste von ihnen. Scrum ist eine gute Wahl für Organisationen, die nach den agilen Werten leben oder leben wollen. Während Scrum selbst einfach ist, ist das tägliche Leben von Disziplin und agilen Werten eine Herausforderung.

Das Meistern dieser Herausforderung ist die Voraussetzung für den Erfolg.

DIE AGILEN WERTE UND PRINZIPIEN SIND DAS FUNDAMENT VON SCRUM.

20 AGILE PRINZIPIEN

Agilität ist die schnelle Reaktionsfähigkeit in einer komplexen Welt.

I

Ermächtigung und Selbstorganisation

Teams sind ermächtigt und verantwortlich, alle notwendigen Entscheidungen zur Lieferung des Ergebnisses zu treffen. Sie planen ihre Arbeit selbst und entscheiden, wie sie sie am besten durchführen können. Teams sind funktionsübergreifend.

II

Frühe und regelmäßige Lieferungen

Jedes Mitglied des Teams fokussiert sich auf die inkrementelle Lieferung des Produkts. Frühe und regelmäßige Lieferungen stellen einen stetigen Fluss von Ergebnissen sicher, welcher den Teams eine kontinuierliche Überprüfung und Anpassung ermöglicht.

III

Überprüfung und Anpassung

Teams reflektieren regelmäßig darüber, wie sie effektiver und effizienter werden können. Dies bezieht sich ebenso auf das Produkt wie auf die Arbeitsweise im Team.

IV

Transparenz

Teams teilen zur Förderung der Zusammenarbeit Informationen und Wissen miteinander, so dass jeder auf die bestmögliche Weise dazu beitragen kann, die Ziele zu erreichen.

V

Festlegung von Zeitfenstern

Alle Arbeit hat ein festes Zeitfenster, d. h. jede Aktivität hat einen definitiven Anfang und ein definitives Ende, die nicht verschoben werden. Dadurch werden Disziplin, Fokus und pünktliche Lieferungen sichergestellt.

22 AGILE WERTE

I

Fokus

Weil wir uns nur auf wenige Dinge zu einem Zeitpunkt konzentrieren, arbeiten wir gut zusammen und erzeugen exzellente Arbeit. Wir liefern früher wertvolle Ergebnisse.

II

Mut

Weil wir nicht allein sind, fühlen wir uns unterstützt und haben mehr Ressourcen zur Verfügung. Das gibt uns den Mut, größere Herausforderungen anzugehen.

III

Offenheit

Bei unserer Zusammenarbeit üben wir uns darin, auszudrücken, wie wir vorgehen und was uns im Weg steht. Wir lernen, dass es gut ist Bedenken auszusprechen, so dass sie adressiert werden können.

IV

Selbstverpflichtung

Weil wir viel Kontrolle über unser eigenes Schicksal haben, wächst unsere Selbstverpflichtung zum Erfolg.

V

Respekt

Wenn wir zusammenarbeiten und Erfolge und Misserfolge teilen, kommen wir dazu, uns gegenseitig zu respektieren und helfen einander, sich des Respekts würdig zu erweisen.

24

EIN BEISPIEL FÜR DIE BEDEUTUNG DER WERTE IST DAS AGILE MANIFEST.

Mit dem Agilen Manifest hat 2001 eine Gruppe von Personen ihre Werte einer guten Softwareentwicklung formuliert. Seit seiner Veröffentlichung wird das Manifest von vielen Software-Teams als Orientierung verwendet und immer wieder zitiert.

Wir erschließen bessere Wege, Software zu entwickeln, indem wir es selbst tun und anderen dabei helfen. Durch diese Tätigkeit haben wir diese Werte zu schätzen gelernt.

Individuen und Interaktionen	mehr als	Prozesse und Werkzeuge
Funktionierende Software	mehr als	umfassende Dokumentation
Zusammenarbeit mit dem Kunden	mehr als	Vertragsverhandlungen
Reagieren auf Veränderung	mehr als	das Befolgen eines Plans

Das heißt, obwohl wir die Werte auf der rechten Seite wichtig finden, schätzen wir die Werte auf der linken Seite höher ein.

Kent Beck, Mike Beedle, Arie van Bennekum, Alistair Cockburn, Ward Cunningham, Martin Fowler, James Grenning, Jim Highsmith, Andrew Hunt, Ron Jeffries, Jon Kern, Brian Marik, Robert C. Martin, Steve Mellor, Ken Schwaber, Jeff Sutherland, Dave Thomas

Quelle:
» www.agilemanifesto.org/iso/de

ZUM AGILEN MANIFEST GEHÖREN ZWÖLF PRINZIPIEN ZUR KONKRETISIERUNG.

Wir folgen diesen Prinzipien:

Unsere höchste Priorität ist es, den Kunden durch frühe und kontinuierliche Auslieferung wertvoller Software zufrieden zu stellen.

Heiße Anforderungsänderungen selbst spät in der Entwicklung willkommen. Agile Prozesse nutzen Veränderungen zum Wettbewerbsvorteil des Kunden.

Liefere funktionierende Software regelmäßig innerhalb weniger Wochen oder Monate und bevorzuge dabei die kürzere Zeitspanne.

Fachexperten und Entwickler müssen während des Projektes täglich zusammenarbeiten.

Errichte Projekte rund um motivierte Individuen. Gib ihnen das Umfeld und die Unterstützung, die sie benötigen und vertraue darauf, dass sie die Aufgabe erledigen.

Die effizienteste Methode, Informationen an und innerhalb eines Entwicklungsteams zu übermitteln, ist im Gespräch von Angesicht zu Angesicht.

Funktionierende Software ist das wichtigste Fortschrittsmaß. Agile Prozesse fördern nachhaltige Entwicklung.

Die Auftraggeber, Entwickler und Benutzer sollten ein gleichmäßiges Tempo auf unbegrenzte Zeit halten können.

Ständiges Augenmerk auf technische Exzellenz und gutes Design fördert Agilität.

Einfachheit – die Kunst, die Menge nicht getaner Arbeit zu maximieren – ist essenziell.

Die besten Architekturen, Anforderungen und Entwürfe entstehen durch selbstorganisierende Teams.

In regelmäßigen Abständen reflektiert das Team, wie es effektiver werden kann und passt sein Verhalten dementsprechend an.

Quelle:
» www.agilemanifesto.org/iso/de/principles.html

DAS GROSSE GANZE

EINFACHER ALS NACH HAUSE ZU FAHREN: DER SCRUM FLOW.

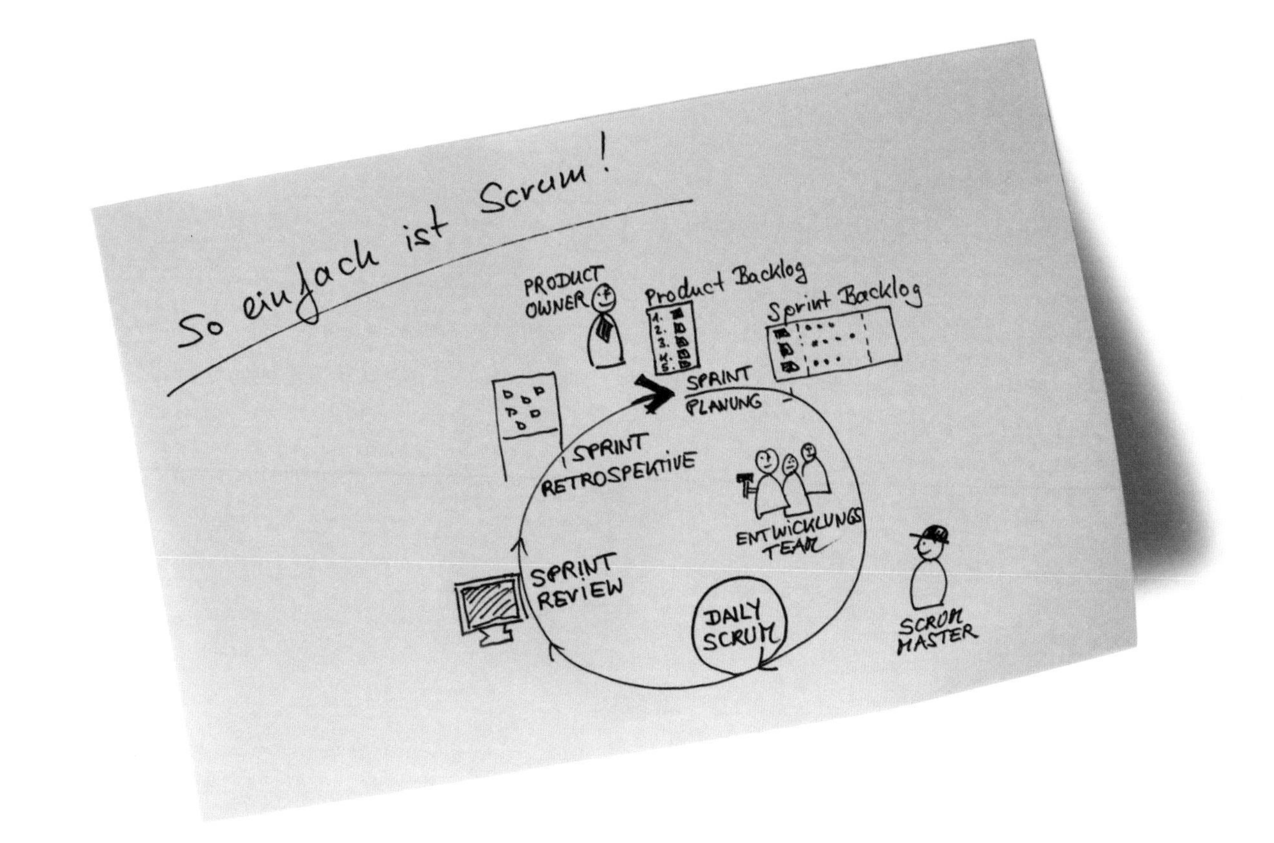
So einfach ist Scrum!
PRODUCT OWNER
Product Backlog
Sprint Backlog
SPRINT PLANUNG
SPRINT RETROSPEKTIVE
ENTWICKLUNGS TEAM
SPRINT REVIEW
DAILY SCRUM
SCRUM MASTER

Alles beginnt mit einer Vision.

EREIGNISSE*

* Mehr Informationen dazu finden Sie in Kapitel „Ereignisse zur Optimierung der Arbeit“ ab Seite 70.

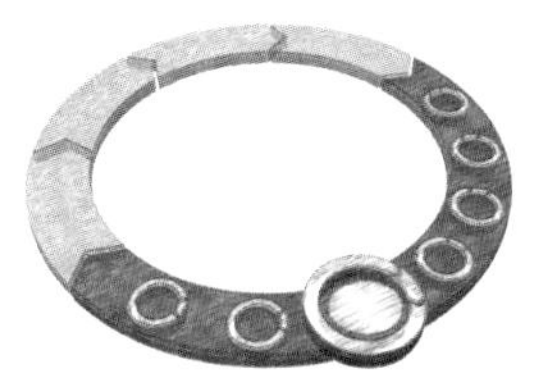

Sprint Planung

Planung der Arbeit

Bei der Sprint Planung Eins präsentiert der Product Owner die geordneten Product Backlog Einträge. Das ganze Scrum Team arbeitet daran, ein gemeinsames Verständnis für die im Sprint zu erledigende Arbeit zu gewinnen. Danach prognostiziert das Entwicklungsteam die Einträge, die es im nächsten Sprint liefern will. Das Scrum Team erarbeitet das Sprint Ziel. In der Sprint Planung Zwei plant das Entwicklungsteam im Detail, welche Aufgaben zum Erreichen des Sprint Ziels und zur Lieferung der prognostizierten Einträge notwendig sind.

Daily Scrum

Austausch und Tagesplanung

Während des Sprints trifft sich das Entwicklungsteam jeden Tag. Beim Daily Scrum überprüft es Fortschritte, stellt den Informationsfluss im Team sicher und plant den gemeinsamen Arbeitstag. Das Daily Scrum ist eine kurze Besprechung von maximal 15 Minuten und findet zur Reduzierung der Komplexität täglich zur gleichen Zeit am gleichen Ort statt. Während der Besprechung erklärt jedes Mitglied:

- Was wurde seit der letzten Besprechung erreicht?
- Was wird vor der nächsten Besprechung erledigt?
- Welche Hindernisse gibt es?

Sprint Review

Optimierung des Produkts

Das Entwicklungsteam führt die Ergebnisse des Sprints mit Schwerpunkt auf das Sprint Ziel vor. Der Product Owner nimmt dieses Inkrement ab und passt bei Bedarf das Product Backlog an. Das Scrum Team und die Stakeholder besprechen die Ergebnisse des aktuellen Sprints und was als Nächstes zu tun ist. Wichtig: Es werden nur erreichte Ergebnisse (keine Folien!) präsentiert.

Sprint Retrospektive

Optimierung der Arbeitsweise

Das Team überprüft seine bisherige Arbeitsweise, um sie in Zukunft effizienter und effektiver zu machen. Der Scrum Master unterstützt das Team dabei, nach guten Praktiken zu suchen und Verbesserungsmaßnahmen zu identifizieren, die im nächsten Sprint umgesetzt werden.

38 ARTEFAKTE*

* Mehr Informationen dazu finden Sie in Kapitel „Artefakte zur Optimierung der Arbeit“ ab Seite 98.

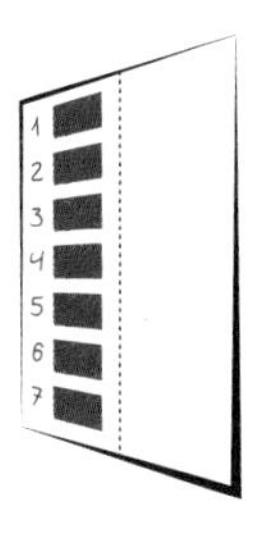

Product Backlog

Auflistung von Allem, was für das Produkt benötigt wird

Das Product Backlog ist eine geordnete Auflistung von Allem, was für das Produkt benötigt wird. Das Product Backlog ist dynamisch und wird ständig weiterentwickelt, um Anforderungen zu identifizieren, mit denen das Produkt angemessen, wettbewerbsfähig und nützlich wird.

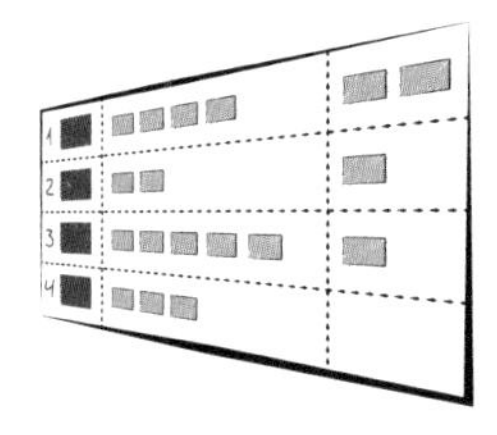

Sprint Backlog

Product Backlog Einträge, die für den Sprint ausgewählt wurden

Das Sprint Backlog besteht aus den Product Backlog Einträgen, die für den Sprint ausgewählt wurden. Um das Sprint Ziel zu erreichen, beinhaltet das Sprint Backlog einen Plan für die Lieferung des Produkt Inkrements. Das Sprint Backlog ist eine Prognose des Entwicklungsteams bezüglich der möglichen Funktionalität des nächsten Inkrements und der dafür erforderlichen Arbeit.

Inkrement

Summe der im Sprint fertig gestellten Backlog Einträge

Das Inkrement ist die Summe aller Product Backlog Einträge, die während des aktuellen Sprints fertig gestellt wurden. Am Ende eines Sprints muss das neue Inkrement in nutzbarem Zustand sein und der „Definition of Done“ entsprechen.

Sprint Ziel

Definition des Nutzens, der am Ende vom Sprint geliefert wird

Das Sprint Ziel definiert den Nutzen, der durch das Inkrement im nächsten Sprint geliefert wird. Das Sprint Ziel ist die übergeordnete Vision des Sprints und mehr als die Summe der Teile. Es ist unveränderlich und dient als Orientierung für das Entwicklungsteam. Damit fokussiert das Sprint Ziel das Team, und gleichzeitig gibt es ihm die Möglichkeit, die Product Backlog Einträge im Sprint im Sinne des Sprint Ziels anzupassen.

Definiton of Done

Gemeinsames Verständnis wann ein Inkrement „Fertig“ ist

Die „Definition of Done“ ist ein gemeinsames Verständnis des Scrum Teams darüber, unter welchen Bedingungen eine Arbeit als „Fertig“ bezeichnet wird. Sie enthält für gewöhnlich Qualitätskriterien, Einschränkungen und allgemeine nichtfunktionale Anforderungen. Mit zunehmender Erfahrung des Scrum Teams entwickelt sich eine „Definition of Done“ weiter. Sie enthält dann strengere Kriterien für höhere Qualität.

ROLLEN*

* Mehr Informationen dazu finden Sie im Kapitel „Die Rollen in Scrum“ ab Seite 56.

Product Owner

Ist für das Produkt und den Return On Investment verantwortlich

Er sammelt, beschreibt und priorisiert die Anforderungen. Der Product Owner ist eine Person, kein Komitee. Und er ist bevollmächtigt, endgültige Entscheidungen über das Produkt, seine Merkmale und die Reihenfolge der Implementierung zu treffen.

Scrum Master

Sorgt für den reibungslosen Produktentstehungsprozess

Er stellt sicher, dass die Scrum Regeln eingehalten werden, räumt Hindernisse aus dem Weg und sorgt für eine möglichst gute Arbeitsumgebung. Er unterstützt das Scrum Team dabei, Eigenständigkeit zu entwickeln und hilft ihm so bei der Weiterentwicklung.

Entwicklungsteam

Arbeitet selbstorganisiert und liefert das Produkt

Es ist verantwortlich für alle Schätzungen und prognostiziert, welche Product Backlog Einträge es während eines Sprints liefern wird. Das Entwicklungsteam entscheidet, wie ein Inkrement umgesetzt wird.

Alle drei Rollen zusammen werden als „Scrum Team“ bezeichnet. Sie arbeiten zusammen, um gemeinsam das Produkt zu erstellen.

AUSGEWOGENHEIT VON

Auf der einen Seite hält Scrum den Lieferinhalt eines Sprints stabil. Auf der anderen Seite ermöglicht es dem Product Owner, jederzeit das Product Backlog, d. h. die weiteren zukünftigen Anforderungen, zu ändern. So balanciert Scrum Stabilität und Agilität.

Studien zeigen, dass sich ca. 50% der Anforderungen in einem Projekt ändern. Mit diesem Sachverhalt geht Scrum konstruktiv um. Einerseits schafft der Sprint ein Zeitfenster, in dem die Anforderungen für das Team stabil sind. Andererseits sind Änderungen am weiteren Product Backlog, d. h. den weiteren Anforderungen, willkommen. Ziel ist es, die 50% Anforderungsänderungen so früh wie möglich zu erkennen. Dies wird durch das iterative Vorgehen unterstützt, bei dem das Scrum Team im Sprint Review ständig am konkreten Ergebnis lernt, Unsicherheit über das Produkt sukzessive reduziert und die weiteren Anforderungen präzisiert.

Stabilität: Keine Änderungen während eines Sprints

Der Sprint ist eine Phase der Stabilität um Produktivität sicherzustellen. Das für den Sprint definierte Sprint Ziel wird während eines Sprints nicht geändert. Dies bedeutet, dass die für einen Sprint ausgewählten Einträge des Product Backlogs während eines Sprints stabil sein sollten. Auch Ressourcen und Teammitglieder bleiben während des Sprints unverändert.

Das Team verpflichtet sich, Lösungen für die ausgewählten Einträge des Product Backlogs zu liefern. Dagegen verpflichtet sich der Product Owner, keine Änderungen am Sprint Ziel vorzunehmen, sobald der Sprint begonnen hat.

Die Länge eines Sprints richtet sich nach der Zeitdauer, für die ein Product Owner sich verpflichten kann, keine Änderungen am Entwicklungsinhalt und -umfang eines Sprints vorzunehmen.

STABILITÄT & AGILITÄT

Agilität: Der Product Owner kann die Anforderungen im Product Backlog ändern

Der Product Owner pflegt das Product Backlog kontinuierlich. Er fügt Einträge im Product Backlog hinzu, ändert und streicht diese. Er kann jederzeit die Product Backlog Einträge neu priorisieren. Der Product Owner arbeitet also kontinuierlich daran, weiter zu definieren was in den nächsten Sprints geliefert werden muss.

Zu Beginn jedes Sprints spricht der Product Owner die Änderungen mit dem Team durch. Es ist eine gute Praktik, wenn der Product Owner bei der Weiterentwicklung des Product Backlogs das Team und mögliche Stakeholder, wie z. B. Anwender vom Produkt, beteiligt.

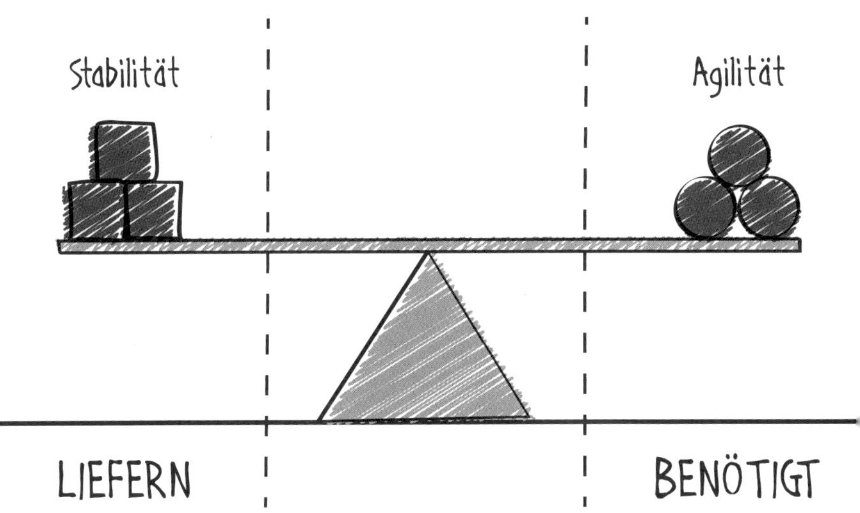

44 EIN BEISPIEL: SCRUM IN DER PRAXIS

Das Scrum Team der Bundesbehörde für Informatik und Telekommunikation in der Schweiz hat für das Projekt sedex erfolgreich eine Balance zwischen Stabilität und Agilität gefunden.

Eine bestehende IT-Lösung für die Harmonisierung der Statistiken bei Behörden auf Bundes-, kantonalen und kommunalen Ebenen wurde optimiert und erweitert. Dies war nötig wegen der stetig steigenden Zahl der Anwender und zunehmender Datenvolumina. Die Arbeit wurde durch eine Dienstleistungsvereinbarung (DLV) nach Aufwand beauftragt, worin ein Kostendach und der terminliche Rahmen von einem Jahr festgelegt waren.

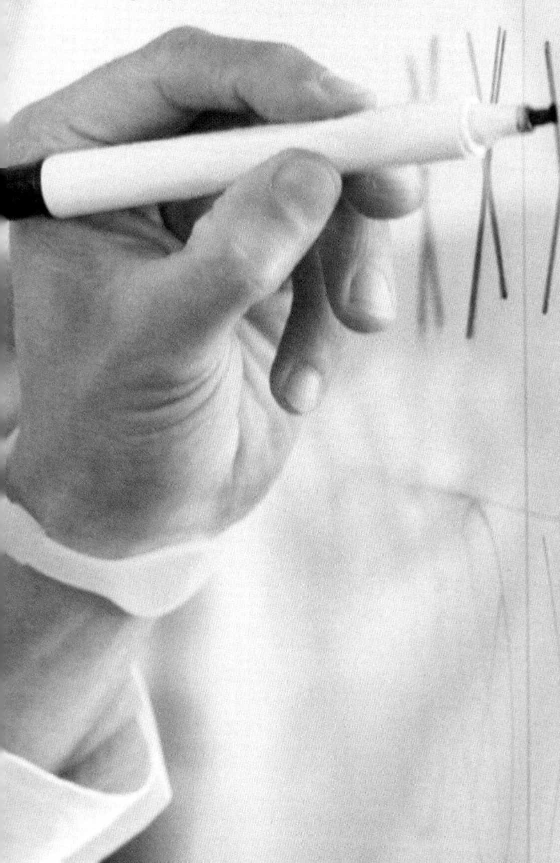

Desweiteren regelte die DLV die Art der Zusammenarbeit und das Vorgehen:

- Es wurde vereinbart, Scrum als Vorgehen anzuwenden. Die Gesamtzeit wurde in Sprints von je 3 Wochen Länge aufgeteilt.
- Die Erweiterungen sollten in Form von Patches oder Minor-Releases zusammengefasst werden, die mit dem Sprint-Rhythmus synchronisiert wurden.
- Die Interaktionen mit dem Product Owner wurden festgelegt: am Anfang jedes Sprints ein Planungsereignis; nach jedem Sprint ein Review-Ereignis, bei dem die erbrachten Arbeiten abgenommen werden. In den Zwischenwochen fand jeweils ein Abstimmungsereignis mit dem PO statt.
- Es wurden ein Entwicklerteam, ein Scrum Master und ein Einsatzplan festgelegt. Die Leistung des Entwicklerteams wird nach erbrachtem Aufwand abgerechnet.

Die gesammelten Erweiterungswünsche werden in ein Product Backlog im Tool TFS (Team Foundation Server) erfasst, priorisiert und grob geschätzt. Die Detailabsprache, Planung, Umsetzung und Abnahme der ausgewählten Product Backlog Einträge erfolgt jeweils iterativ in den Planungsmeetings der Sprints.

Nach mehreren Sprints wurde die Kommunikation mit dem Product Owner und die Schätzung / Commitment vom Team immer zuverlässiger. Folgender Arbeitsmodus hat sich etabliert:

- Jede Woche ist der Product Owner für einen Tag zu Besuch beim Entwicklungsteam: einmal im Sprint für den Sprintwechsel und zweimal während der Sprint-Arbeit, um Fragen vom Entwicklungsteam zu klären.
- Kurz vor dem Sprintwechsel passt der Product Owner das Product Backlog an (aktuelle Priorisierung, angepasste Stories, neue Stories) und schickt dem Scrum Master einen Vorschlag für den nächsten Sprint.
- Der Sprintwechsel wird wie folgt durchgeführt:
  - Vormittags Review des vergangenen Sprints
  - Sprint Planung 1 nachmittags mit dem Product Owner. Klärung der ausgewählten Erweiterungen. Ergebnis: ein Protokoll der besprochenen Abweichungen zum Vorschlag des PO.
  - Sprint Planung 2 nachmittags ohne Product Owner. Klärung der Aufgaben im Entwicklungsteam, Detailschätzung. Ergebnis: unterschriebener Sprint Contract mit Angaben zu den verpflichteten Arbeiten für den folgenden Sprint.
- Während der Sprint-Arbeit hat der Product Owner das Entwicklungsteam nie mit Änderungen gestört.

Dieses Beispiel zeigt, wie man den scheinbar gegensätzlichen Ansprüchen von Agilität und Stabilität durch einen Vertrag und eine partnerschaftliche Arbeitsweise gerecht wird.

IST SCRUM EINZIGARTIG?

Der Schlüssel zu Scrum sind die Werte.

Viele Leute behaupten, dass Scrum einzigartig und nicht vergleichbar mit anderen Managementmethoden ist. Aber viele Techniken kommen einem bekannt vor.

Beides stimmt. Jede der Scrum-Techniken ist bewährt und allgemein bekannt. Das Scrum-Rahmenwerk ist ein Satz von miteinander verbundenen Techniken, die ein System bilden, das mehr ist als die Summe seiner Teile. Obwohl jede einzelne Technik vertraut erscheint, ist das Scrum System aus sorgfältig orchestrierten Techniken einzigartig.

Der zweite Grund für die Einzigartigkeit vom Scrum sind die Werte. Sie sind das Fundament von Scrum und bestimmen die Art und Weise, wie Dinge gemacht und Verantwortlichkeiten verteilt werden. Sie bestimmen unsere Haltung.

Scrum als System zu verstehen und die Werte zu leben, macht den Unterschied. Zusammen sind sie der Schlüssel, der Scrum Teams ermöglicht, hoch performant zu arbeiten.

Diese Werte führen zu den größten Herausforderungen an die Veränderungsbereitschaft in Unternehmen, die Scrum leben wollen und heute andere Werte haben. Einige Techniken anzuwenden ist einfach. Die Werte zu ändern, an die eine Organisation glaubt, ist schwer.

Scrum setzt alle Praktiken eines professionellen Projektmanagements um.

Um zu prüfen, ob Scrum die Praktiken eines professionellen Projekt- oder Teammanagements umsetzt, kann man Scrum mit einem Referenzmodell vergleichen. Ein Referenzmodell führt die Praktiken auf, die man als „Stand der Technik" von einem guten Projekt- bzw. Teammanagement erwartet. Ein solcher Vergleich stärkt die Sicherheit, dass Scrum ein professionelles Rahmenwerk ist, das alle notwendigen Elemente für das Management von Projekten oder Teams bereitstellt.

Eines der am meisten verwendeten Modelle ist das Capability Maturity Model Integration (CMMI) des CMMI Institutes. Ein Vergleich mit den Praktiken, die CMMI für Anforderungsmanagement, Planung und Verfolgung auflistet, ergibt, dass das Scrum-Rahmenwerk tatsächlich alle Praktiken abdeckt.

Der Trick von Scrum ist, dass viele Lösungen schlank sind. Genau das ermöglicht aber, dass die Praktiken mit Disziplin gelebt werden können. Denn die Disziplin ist es, die ein Projekt- oder Teammanagement wirksam werden lässt.

Scrum basiert auf den Praktiken und Erkenntnissen von hoch performanten Teams. Wenn Sie sich ausführlicher mit diesem Thema beschäftigen möchten, können Sie in den beiden folgenden Büchern mehr erfahren:

- „The Wisdom of Teams: Creating the High Performance Organization"
  Douglas K. Smith, Jon R. Katzenbach, Harvard Business, 1994
- „High-Performance-Teams: Die fünf Erfolgsprinzipien für Führung und Zusammenarbeit"
  Wolfgang Jenewein, Marcus Heidbrink, Schäffer-Poeschel, 2008

Wenn Sie daran interessiert sind, wie sich Scrum und CMMI gegenseitig unterstützen, dann lesen Sie in den folgenden Artikeln:

- „Scrum und CMMI – wie passt das?"
  Malte Foegen, wibas, 2010

- „Scrum zur Umsetzung von CMMI"
  Malte Foegen, David Croome, wibas, 2011

- „Scrum and CMMI – Going from Good to Great"
  Carsten R. Jakobsen, Jeff Sutherland Systematics, 2009

WAS SCRUM IST – UND WAS NICHT.

Scrum bedeutet nicht „Umsetzen ohne Plan“.

Scrum begrüßt Änderungen im Plan – auch sehr spät in der Umsetzung. Deswegen vermeidet Scrum die verschwenderische Detailplanung von Dingen, die weiter in der Zukunft liegen und die sich wahrscheinlich sowieso ändern. Zur langfristigen Orientierung hat das Scrum Team die Produktvision.

Der Realisierungsplan für das gesamte Produkt existiert in Form des Product Backlogs und des Releaseplans. Je näher die Product Backlog Einträge rücken, desto detaillierter werden sie beschrieben und geschätzt. Epics werden in mehrere Stories gesplittet.

Für den Sprint gibt es einen detaillierten Task-Plan für das Entwicklungsteam.

Dafür hilfreiche Elemente in Scrum:

« Produktvision

Definition of Done »

« Product Backlog

« Releaseplan

« Sprint Backlog

Sprintwand oder Tool »

Scrum bedeutet nicht „Keine Dokumentation“.

Das Agile Manifest sagt einerseits, dass es wichtiger ist, einsetzbare Ergebnisse zu liefern als eine allumfassende Dokumentation zu erstellen und anderseits, dass die Interaktion mit Menschen wichtiger ist als der Einsatz von Tools und Verfahren. Die Betonung liegt auf der Diskussion, um ein gemeinsames Verständnis zwischen Product Owner und Entwicklungsteam zu schaffen, aber:

Der generelle Dokumentationsgrad für jedes neue Feature wird gemeinsam in der „Definition of Done“ festgelegt, z. B. Bedienungsanleitung, Anwendungsfall, Testfall (hoher Dokumentationsgrad) oder User Story mit Akzeptanzkriterium (niedriger Dokumentationsgrad).

Die Planung kann nur auf einer Sprintwand dokumentiert werden oder in einem Tool erfasst und gepflegt werden. Dies hängt von den Bedürfnissen des Scrum Teams ab. Häufig wird das Product Backlog in einem Tool erfasst und gepflegt, während das Sprint Backlog wegen der besseren Visualisierung an einer Wand in Form einer großen Tafel geführt wird.

Scrum bedeutet nicht „Keine Kennzahlen".

Für die Fortschrittsverfolgung der Sprint-Arbeit gibt es tagesaktuelle Sprint-Burndown Zahlen und eine entsprechende Grafik, in der die Wahrscheinlichkeit der Erreichung des geplanten Umfangs bis zum Sprint-Ende immer ersichtlich ist.

Nach dem Sprint Review wird die Anzahl der im Sprint erledigten Story-Points ermittelt – die sogenannte Velocity. Dies dient der realistischeren Planung zukünftiger Sprints.

Für die Fortschrittsverfolgung der Releases gibt es Produkt- bzw. Release Burndown-Zahlen und eine entsprechende Grafik, in der die Wahrscheinlichkeit der Lieferung der für den Release geplanten Features bis zum Release-Datum ersichtlich ist.

Dafür hilfreiche Elemente in Scrum:

Priorisierung im Product Backlog »
« Sprint Burndown
Sprint Review und Sprint Retrospektive »
« Velocity
Daily Scrum »
« Release Burndown
Scrum Master »

Scrum bedeutet nicht „Kein Risikomanagement".

Die Priorisierung der Product Backlog Einträge berücksichtigt das Risiko. Einträge, die das Risiko vermindern können werden höher priorisiert.

Durch den iterativen Sprint-Ansatz werden sowohl Produkt-Zwischenergebnisse beim Sprint Review als auch Arbeitsweisen bei der Sprint Retrospektive früh und regelmäßig überprüft. Dabei werden Probleme früh erkannt und Maßnahmen eingeleitet.

Durch das Daily Scrum werden Risiken täglich besprochen und adressiert.

Eine wesentliche Aufgabe des Scrum Masters ist die Beseitigung von Hindernissen.

50 SCRUM IST LEAN

Scrum setzt die Prinzipien von Lean um und ist ein konkret ausgestaltetes Framework für Entwicklungsprojekte. In Scrum werden viele Techniken aus dem Lean Werkzeugkoffer verwendet.

Die Lean Herkunft von Scrum schafft eine hohe Anschlussfähigkeit. So können weitere Techniken von Lean problemlos in Scrum-Projekte integriert werden und Scrum kann durch Lean-Techniken weiterentwickelt werden. Umgekehrt ist Scrum ein hervorragendes Framework für Organisationen, die Lean nutzen und auch ihre Entwicklung Lean gestalten wollen.

Außerdem liefert Lean viele Antworten, um das Umfeld von Scrum zu entwickeln. Scrum selbst konzentriert sich auf einzelne Teams - für das Umfeld dieser Teams bietet Scrum keine Antworten. Hier kann Lean Lösungen für das Management oder für andere Teams (z. B. Service-, Wartungs- oder Betriebsteams) liefern. Da Scrum im Prinzip „Lean Development“ ist, ist es kein Wunder, dass es sich problemlos mit anderen Lean-Techniken zu einem Gesamtkonzept einer schlanken und agilen Organisation zusammenführen lässt.

I

Definiere Wert aus Kundensicht

Lean: Teams konzentrieren sich auf das, was für den Kunden Wert schafft.

Scrum: Der Kunde wird durch eine dedizierte Rolle, nämlich die des Product Owners, repräsentiert. Alles, was das Team an Arbeit umsetzt, muss eine Anforderung des Kunden (also einen Product Backlog Eintrag des Product Owners) haben. So wird in Scrum nur das umgesetzt, was der Kunde will. Die Fokussierung auf die Wertschöpfung wird durch die Priorisierung des Product Backlogs nach dem ROI und die Lieferung von potentiell auslieferbaren Produktinkrementen umgesetzt.

II

Identifiziere den Wertstrom

Lean: Teams visualisieren den Wertstrom von der Idee zur Lieferung.

Scrum: Die Teams setzen den im Product Backlog definierten Wert Stück für Stück um. Dafür nutzen sie typischerweise ein Kanban-Board – das sogenannte Sprint Board – das alle Aufgaben zur Umsetzung einer Anforderung visualisiert. Das Sprint Board zeigt auch den Umsetzungsstatus jeder Aufgabe und wer was tut.

III

Bringe die Arbeit in Fluss (Flow)

Lean: Das Team sorgt für einen reibungslosen und glatten Ablauf – als ein Arbeitsfluss, vom Anfang bis zum Ende der Wertschöpfung.

Scrum: Den Fluss erzeugt das interdisziplinäre Team. Es setzt eine Anforderung von der Bestellung durch den Product Owner bis zur Lieferung des Inkrements um. Am Sprintende ist das Produkt potentiell auslieferbar und alle Sprint Backlog Einträge sind entsprechend der „Definition von Fertig" vollständig umgesetzt. Scrum vermeidet viel „Lagerhaltung" (z. B. detaillierte Planung von Aufgaben, die erst in später umgesetzt werden). Die Sprints als Takt fokussieren auf das, was zur Lieferung des Produktinkrements wichtig ist.

IV

Erzeuge den Sog der Arbeit (Pull)

Lean: Jede Aktivität oder jedes Ergebnis wird wie ein Sog von der nachfolgenden Aktivität gezogen. Der Kunde initiiert den ersten Sog.

Scrum: Der Sog wird durch den Product Owner ausgelöst, der beim Team die Umsetzung von Anforderungen bestellt. Das Team plant dazu „Just in Time" jeweils zu Beginn eines Sprints die Aufgaben. Innerhalb eines Sprints wird zuerst eine Anforderung durch das Team fertiggestellt, bevor mit einer neuen Anforderung begonnen wird.

V

Strebe stets nach Perfektion

Lean: Teams hinterfragen ständig ihre Arbeitsweisen und verbessern diese. Verschwendung wird kontinuierlich reduziert. Beispiele für Verschwendung sind: Arbeitsschritte die keinen Wert für den Kunden schaffen, Überlastung, zu viele Aktivitäten parallel in Arbeit, Wartezeiten, Überproduktion, Lagerhaltung, Nacharbeiten, unpassende Werkzeuge oder Ausbildung.

Scrum: Hindernisse werden jeden Tag beim Daily Scrum besprochen und Maßnahmen zur Beseitigung identifiziert. Am Ende eines jeden Sprints wird durch die Sprint Retrospektive – dem in Scrum eingebauten Kaizen-Event – die Arbeitsweise kontinuierlich verbessert.

MIT UNSICHERHEIT INTELLIGENT UMGEHEN

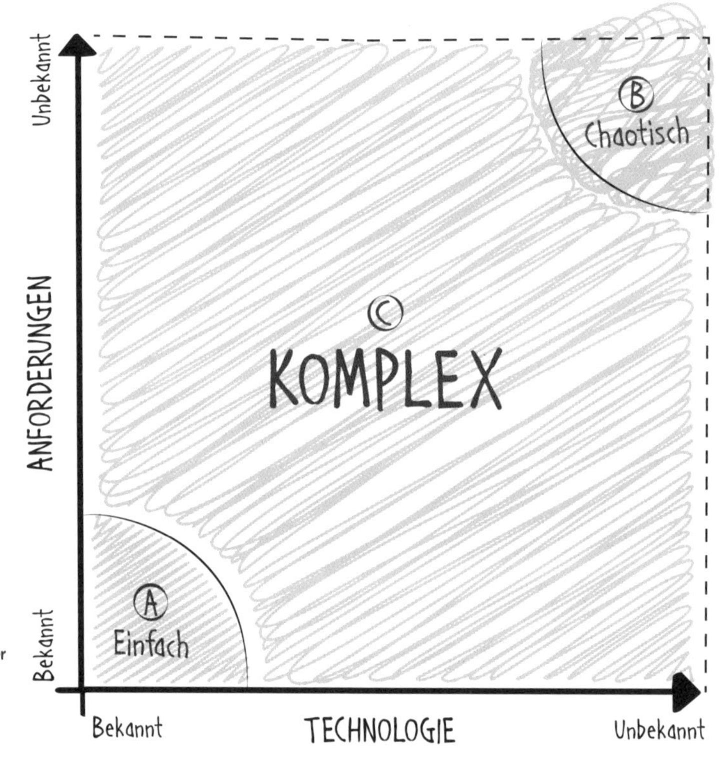

Ⓐ Auf der einen Seite gibt es Aufgaben, bei denen die Anforderungen und die Lösungstechnologie relativ klar bekannt sind. Häufig gibt es für solche wiederkehrenden Aufgaben gute Praktiken, die sich bewährt haben. Die Lösung solcher Aufgaben ist einfach und kann gut geplant werden. Ein Beispiel ist die Umsetzung eines Produktionsschritts an einer Bandstraße.

Ⓑ Auf der anderen Seite gibt es Aufgaben, bei denen sowohl die Anforderungen als auch die Lösungstechnologie völlig unbekannt sind. Die Lösung solcher Aufgaben ist nicht planbar. Auch die Analyse der Wirksamkeit der letzten Schritte hilft kaum dabei, mehr Klarheit über die Lösung der Aufgabe zu gewinnen. Die Lösung solcher Aufgaben ist chaotisch und basiert auf Versuch und Irrtum. Ein Beispiel hierfür ist der Stopp der Kernschmelze in Fukushima.

Ⓒ Dazwischen liegen Aufgaben, bei denen ein wesentlicher Teil der Anforderungen und der Lösungstechnologie unsicher sind. Bei diesen Aufgaben kann man die nächsten Schritte planen, und ein Rückblick auf die letzten Schritte gibt mehr Klarheit über das, was als nächstes zu tun ist. Hierzu gehören die meisten Projekte: Statistiken zeigen, dass im Durchschnitt 50% der Anforderungen während eines Projekts geändert werden, also anfänglich unsicher bzw. unbekannt sind. Die Lösung solcher Aufgaben ist komplex, aber systematisch.

Scrum ist ein Ansatz, der sich für die Lösung komplexer Aufgaben und Projekte bewährt hat. Mit einem Sprint plant das Team den jeweils nächsten Schritt, dessen Anforderungen und Technologie weitgehend sicher sind. Am Ende des Sprints liegt ein Teil des Zielprodukts vor: das Inkrement. Durch die Inspektion des Teilergebnisses und der Arbeitsweise werden Erkenntnisse gewonnen, die bei der Planung des nächsten Schritts helfen.

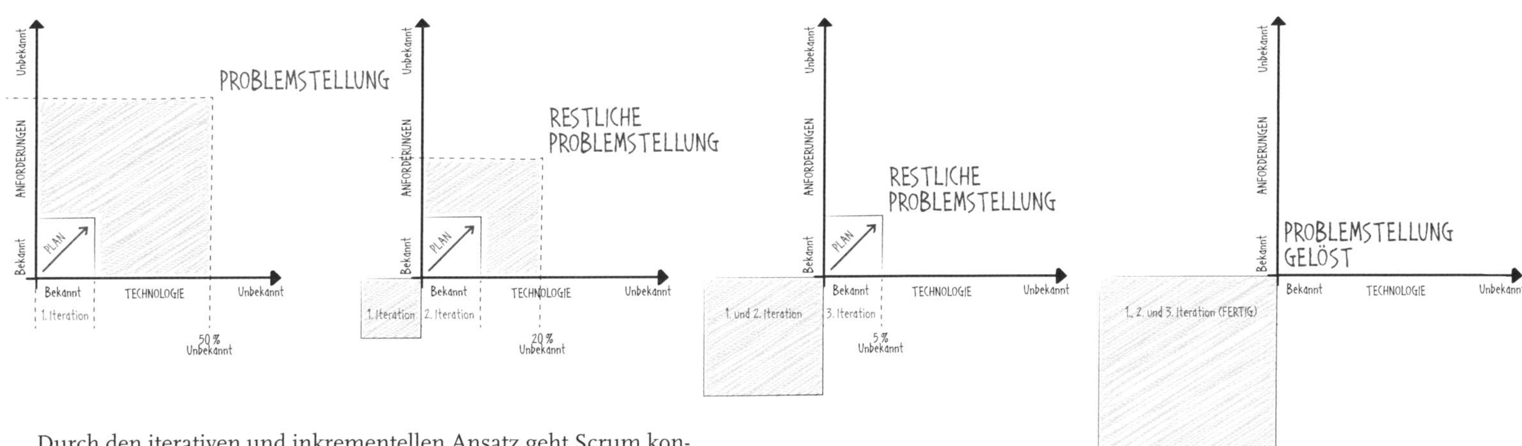

Durch den iterativen und inkrementellen Ansatz geht Scrum konstruktiv mit der Unsicherheit, die komplexen Projekten eigen ist, um. Scrum fokussiert darauf, die Anforderungen und Technologiefragen des nächsten Schritts zu klären, so dass dieser umgesetzt werden kann. Danach wird das Inkrement inspiziert und damit werden weitere Anforderungen und Technologiefragen geklärt. Mit jedem Schritt reduziert ein Scrum-Projekt die Unsicherheit und Komplexität des Projekts. Jedes Produktinkrement ersetzt einen Teil der Unsicherheit durch Realität, indem ein reales Stück vom Produkt erstellt wird.

Diese Vorgehensweise ist nicht nur praktikabel, sondern auch wirtschaftlich. Grundsätzlich gibt es zwei Möglichkeiten, die Unsicherheit bei Anforderungen und Technologie zu reduzieren: durch Planung oder durch Umsetzung und Inspektion. Mit Scrum planen wir so weit voraus, wie der ROI der Planung höher ist als der ROI, den wir durch Umsetzung und Inspektion erreichen.

Die Frage „nach dem Leben, dem Universum und dem ganzen Rest“ beantwortet der Computer namens Deep Thought im Roman „Per Anhalter durch die Galaxis“ von Douglas Adams selbstsicher mit „42“. Die Antwort ist aber nur so einfach, weil niemand eine genaue Frage gestellt hat.

Es gibt also nicht DIE Antwort auf alle Fragen, sondern man muss erst die richtige Frage entwickeln, um individuell passende Lösungen zu finden.

Scrum streng nach Vorschrift umzusetzen ist nicht immer das optimale System. Erweitern Sie Scrum z. B. mit Kanban-Techniken, um im Dienstleistungsbereich mit unplanbaren Kundenanfragen umzugehen.

Probieren Sie aus, welche Techniken für Sie hilfreich sind. Ziehen Sie in den Retrospektiven Bilanz, was gut funktioniert und was sich wie verbessern lässt. Schneidern Sie sich Scrum auf den Leib.

Finden Sie die richtigen Fragen und vergessen Sie die „42“.

ES GIBT KEINE ZWEIUNDVIERZIG.

56

DIE ROLLEN IN SCRUM

Das Scrum Team:

In Scrum gibt es keinen dedizierten Projektleiter. Die Aufgaben verteilen sich je nach Fähigkeiten und Interesse auf eine der drei Scrum-Rollen:

- Product Owner (ist für das Produkt verantwortlich)
- Scrum Master (sorgt für einen reibungslosen Produktentstehungsprozess)
- Entwicklungsteam (liefert das Produkt)

60 PRODUCT OWNER

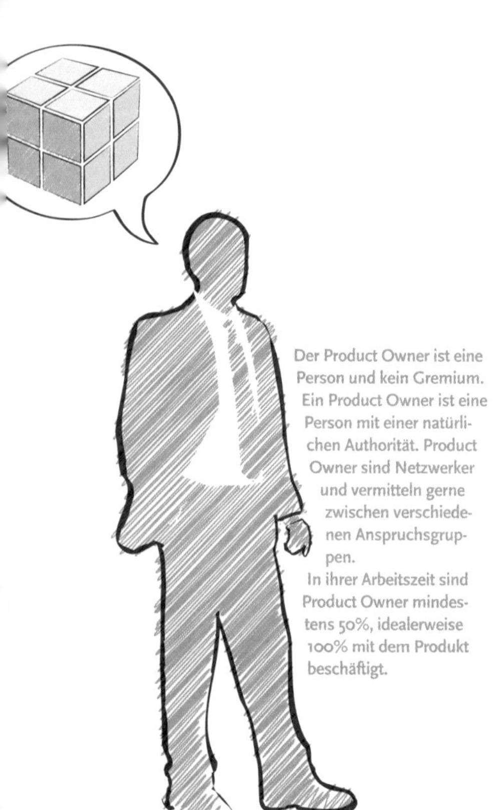

Der Product Owner ist für die Merkmale und den Return On Investment (ROI) des Produkts verantwortlich. Diese Person erstellt, ordnet und verwaltet die Anforderungen im Product Backlog. Der Product Owner stellt durch die öffentliche Verfügbarkeit des Product Backlogs sicher, dass das Entwicklungsteam aus einer geschäftlichen Perspektive heraus an den „richtigen Dingen" arbeitet. Er oder sie entscheidet, was in einem Sprint fertiggestellt wurde oder nicht.

Der Product Owner ist eine Person, kein Gremium, und ist bevollmächtigt, endgültige Entscheidungen über das Produkt, seine Merkmale und die Reihenfolge der Implementierung zu treffen.

Checkliste für einen ergebnisorientierten Product Owner

Kompetenzen

- Sie denken unternehmerisch und visionär.
- Sie übernehmen Verantwortung für ein Produkt.
- Sie vermitteln zwischen ihren Stakeholdern und verhandeln im Sinne des bestmöglichen Produktergebnisses.

Verantwortung

- Sie sind verantwortlich für den wirtschaftlichen Erfolg des Produktes (ROI).
- Sie bestimmen die Reihenfolge der fertigen Inkremente und den Liefertermin des Endprodukts.
- Sie bilden die Schnittstelle zu allen Stakeholdern und vertreten die Interessen des Kunden.

Aufgaben

- Sie gestalten die Produktvision.
- Sie definieren den Produktumfang und die -eigenschaften.
- Sie ordnen die Arbeit, um den Mitteleinsatz zu optimieren.
- Sie überprüfen das Ergebnis und passen ggf. die Richtung an.
- Sie nehmen die Ergebnisse für den Sprint bzw. für das Release ab.
- Sie kommunizieren den Fortschritt und -status an die Stakeholder.

„Es war gar nicht so einfach, mich in die neue Rolle einzufinden. Gut, dass ich einen erfahrenen Scrum Master an der Seite hatte, der mich bei meiner Arbeit unterstützt hat."

> „Als Scrum Master wird man nicht geboren. Ich wurde durch einen erfahrenen Scrum Coach in den ersten Sprints begleitet und habe mich damit schneller in meine neue Rolle eingefunden.“

Checkliste für einen erfahrenen Scrum Master

Kompetenzen

- Sie haben Scrum-Verständnis und leben agile Prinzipien.
- Sie haben mehrjährige praktische Erfahrungen mit Scrum.
- Sie besitzen Coaching-Kompetenz.
- Sie nutzen Ihre Kommunikationskompetenz.
- Sie verfügen über fundierte Fertigkeiten in der Moderation und Gesprächsführung.
- Sie beherrschen Konfliktmanagement, Mediation und kollegiale Beratung.
- Sie haben Team- und Organisationsentwicklungskompetenz.

Verantwortung

- Sie verantworten, dass der Scrum-Prozess eingehalten wird.
- Sie ermöglichen, dass das Team produktiv sein kann.
- Sie beseitigen Probleme und Hindernisse.

Aufgaben

Sie sind der Hütehund für das Entwicklungsteam, d. h.:

- Sie schirmen das Team von externen Einflüssen ab.
- Sie sorgen für eine enge Zusammenarbeit aller Rollen und Funktionen im Scrum Team und beseitigen Hindernisse.
- Sie sorgen durch Moderation (und ggf. durch Intervention in den Prozess) dafür, dass der Scrum-Prozess eingehalten wird.
- Sie coachen den Product Owner und das Entwicklungsteam in der Ausführung ihrer Rolle.
- Sie kümmern sich um die Einhaltung der Zeitfenster.

SCRUM MASTER

Der Scrum Master ist dafür verantwortlich, dass das Entwicklungsteam, der Product Owner und die Organisation Scrum, seine Arbeitsweisen und Verfahren kennen, annehmen und verwenden. Damit das Entwicklungsteam das Inkrement liefern kann, verantwortet der Scrum Master die Beseitigung der Hindernisse für das Team. Er oder sie schützt das Scrum Team und hilft ihm, sich auf seine Aufgabe zu konzentrieren.

Der Scrum Master organisiert weder das Team noch die Aufgaben, sondern unterstützt den Product Owner und das Entwicklungsteam durch Coaching und Training, um hochwertige Produkte zu erstellen.

Scrum Master sind 50–100% für ein Scrum Team beschäftigt. Der Scrum Master weist keine Arbeit zu: Das Team organisiert sich selbst.

Der Scrum Master steht für das „Wie arbeitet das Team?“ und nicht für das „Was muss inhaltlich getan werden?“

Der Scrum Master ist eine „dienende“ Führungskraft. Er hat keine Entscheidungsbefugnis über das Team: dieses trifft seine Entscheidungen selbst. Der Scrum Master hat aber die Befugnis, innerhalb der Standards und Richtlinien alles zu tun, damit das Team effektiv und effizient arbeitet, Hindernisse beseitigt und Spielregeln eingehalten werden.

VON DER SCRUM MAMA

Die richtige Dosis von Coaching: unterschiedliche Ansätze des Scrum Masters für unterschiedliche Situationen

Der Scrum Master ist Coach und eine dienende Führungskraft des Scrum Teams. Viele Scrum Master missinterpretieren diese Rolle als „Scrum Mama". Sie beseitigen Hindernisse, die jedes Teammitglied selbst lösen kann. Sie schreiben für die Teammitglieder brav die Flipcharts. Sie kaufen Kekse. Von da an ist es kein weiter Weg mehr und sie waschen die Wäsche vom Team. Eine solche „Scrum Mama" mag ein schöner Service für das Team sein, aber das Team wird dadurch nicht herausgefordert und nicht besser. Das Team besser zu machen ist aber die Aufgabe des Scrum Masters – denn er ist eine Führungskraft.

Wenn aber nicht Scrum Mama, was dann? Den idealen Führungsstil gibt es nicht. Sie sind als Scrum Master umso erfolgreicher, je mehr Sie in Abhängigkeit von der jeweiligen Problemstellung, der Situation und dem jeweiligen Teammitglied flexibel reagieren. Sie müssen situativ entscheiden, welches Führungsverhalten im jeweiligen Fall angebracht ist. Die Theorie der situativen Führung kennt vier typische Muster und gibt hierfür Handlungsempfehlungen. Diese Muster können Ihnen helfen, Situationen zu erkennen und daraus Hinweise für ein adäquates situatives Verhalten abzuleiten.

Stil 1: Anweisen

Dieser Führungsstil zeichnet sich durch stark dirigierendes und wenig unterstützendes Verhalten aus. Der Scrum Master gibt dem Teammitglied oder dem Team detaillierte Anweisungen zum Scrum-Prozess und überwacht eng das Vorgehen und die Leistung.

Dieser Führungsstil ist sinnvoll in Situationen, in denen die Person oder das Team entweder unsicher oder noch nicht fähig ist. Dies kann z. B. ein Team sein, dass zum ersten Mal mit Scrum arbeitet, die Methoden noch nicht beherrscht und sich in deren Anwendung auch nicht sicher fühlt. Hauptaufgabe des Scrum Masters ist es, vorzuleben und den Scrum-Prozess so zu stabilisieren, dass das Team damit positive Erfahrungen macht und daraus lernt.

Stil 2: Überzeugen

Dieser Führungsstil wird durch ein stark dirigierendes und stark unterstützendes Verhalten charakterisiert. Der Scrum Master erläutert Entscheidungen, erfragt und lobt Vorschläge (selbst wenn diese nur teilweise richtig sind) und gibt genaue Anleitungen was den Scrum-Prozess betrifft. Von den Teammitgliedern sind Ideen zum Vorgehen erwünscht. Entscheidungen zum Scrum-Prozess trifft aber weiterhin der Scrum Master – z. B. legt er die Sprintlänge fest.

Dieser Führungsstil des Scrum Masters ist sinnvoll, wenn das Team beginnt, sich im Scrum-Prozess sicher zu werden, aber noch nicht fähig ist, dass es diesen selbstständig aufrecht erhalten kann.

Stil 3: Partizipieren

Dieser Führungsstil ist gekennzeichnet durch ein stark unterstützendes und wenig direktives Verhalten. Der Scrum Master vertritt seine eigene Meinung, folgt aber in der Regel den Entscheidungen des Teams. In kritischen Fällen nutzt er sein Veto-Recht. Als Scrum Master trainieren Sie die Teammitglieder, hören zu und ermutigen zu eigenverantwortlichen Entscheidungen und Problemlösungen.

Dieser Führungsstil ist dann sinnvoll, wenn das Team den Prozess sicher beherrscht, aber unsicher in der Anwendung ist, da es den Prozess selbst steuert.

Stil 4: Delegieren

Dieser Führungsstil dirigiert und unterstützt wenig. Die Teammitglieder sollen eigenständig handeln. Der Scrum Master sorgt für die nötigen Ressourcen. Als Scrum Master verfolgen Sie weiterhin die Leistung des Teams und intervenieren gezielt, um das Team zur Weiterentwicklung und Verbesserung anzustoßen. Auch bei diesem Führungsstil bestimmt der Product Owner weiterhin, welche Ergebnisse gebraucht werden, und stellt sicher, dass Zielklarheit besteht.

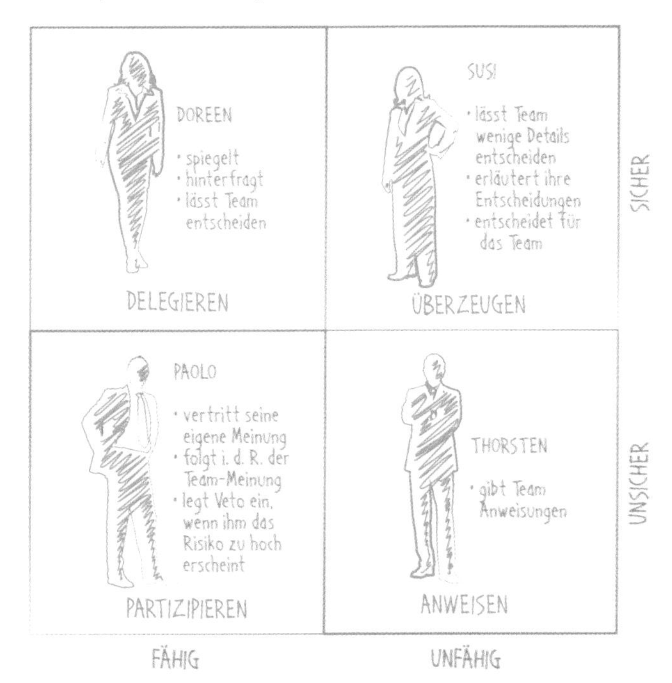

ENTWICKLUNGSTEAM

Das Entwicklungsteam ist verantwortlich für die Lieferung eines Inkrements in jedem Sprint. Die Teams bestehen üblicherweise aus 3 bis 9 Personen, organisieren sich selbst und sind interdisziplinär. Selbstorganisierende Teams entscheiden eigenständig darüber, wie die zu erledigende Arbeit am Besten bewältigt werden kann. Dies bedeutet, dass niemand – auch nicht der Product Owner oder der Scrum Master – dem Entwicklungsteam vorschreibt, wie die Arbeit zu erledigen ist. Als interdisziplinäres Team muss es alle benötigten Fähigkeiten haben, um das Inkrement zu liefern. Es ist verantwortlich für alle Schätzungen und prognostiziert, welche Product Backlog Einträge es während eines Sprints liefern wird.

Das Entwicklungsteam entscheidet, wie ein Inkrement umgesetzt wird. Weiterhin pflegt es das Sprint Backlog und überwacht den Fortschritt bis zum Sprint Ziel. Eine stabile Teamzusammensetzung ist wichtig für die Steigerung der Leistung von einem Sprint zum nächsten. Teammitglieder sollten dabei Vollzeit in einem Projekt arbeiten.

Checkliste für ein autonomes, funktionsübergreifendes und selbstorganisierendes Entwicklungsteam

Kompetenzen
- Sie besitzen alle Kompetenzen, die notwendig sind, um das Produkt fertigzustellen.
- Sie sind in der Lage, innerhalb der existierenden Standards und Richtlinien alles zu tun, um das Sprint Ziel zu erreichen.

Verantwortung
- Sie wählen pro Sprint lieferbare Product Backlog Einträge aus und bewerten diese.
- Sie verantworten die Lieferung der zugesagten Product Backlog Einträge in der definierten Zeit und Qualität.
- Sie organisieren sich und Ihre Arbeit selbst.

Aufgaben
- Sie arbeiten mit dem Product Owner zusammen, um die Ergebnisse zu definieren, so dass der ROI optimiert wird.
- Sie schätzen den Aufwand der Product Backlog Einträge.
- Sie legen Ziel und Arbeitsergebnisse eines jeden Sprints fest.
- Sie prognostizieren die Lieferung der Ergebnisse im Sprint.
- Sie stellen die fertigen Ergebnisse dem Product Owner vor.

SCRUM TEAM

Alle drei Rollen – Entwicklungsteam, Product Owner und Scrum Master – nennt man zusammen das Scrum Team. Es ist gemeinsam dafür verantwortlich, dass das Produkt Realität wird.

STAKEHOLDER

Alle anderen Rollen werden als Stakeholder bezeichnet. Dazu gehören zum Beispiel Kunden, Anwender oder Manager. Diese Rollen gehören nicht zum Scrum Team sondern stehen außerhalb. Sie sind Betroffene, aber nicht für den Produkterfolg verantwortlich. Der Einbezug der Stakeholder liegt in der Verantwortung des Scrum Teams. So wird zum Beispiel der Product Owner Kunden oder Anwender einbeziehen, um deren Erwartungen an das Produkt zu klären. Dies kann mit Hilfe von Product Backlog Refinement Ereignissen mit Kunden oder mit Sprint Reviews erfolgen. Das Entwicklungsteam wird Stakeholder unter anderem zur Klärung technischer Fragen einbinden. Der Scrum Master wird auf Organisationsebene mit Stakeholdern arbeiten, die zur Behebung von Hindernissen notwendig sind, z. B. mit entsprechenden Managern.

EREIGNISSE ZUR OPTIMIERUNG DER ARBEIT

Die Ereignisse von Scrum stellen Kommunikation, Stabilität, Transparenz und Lernen während des ganzen Sprints sicher.

Alle Ereignisse haben fest begrenzte Zeitfenster. Dadurch wird die Notwendigkeit für fokussierte Diskussionen und schnelle Entscheidungen erhöht und das Risiko von Zeitverschwendung reduziert.

Da sich die Ereignisse regelmäßig wiederholen, gibt es immer wieder die Möglichkeit die Arbeit zu überprüfen und anzupassen.

12
6
QUARTZ

DIE ZEIT IN SCRUM

Alles in Scrum hat fest begrenzte Zeitfenster.

Zeitfenster sind ein zentrales Element von Scrum. Sie stellen Disziplin, Effizienz von Ereignissen und pünktliche Lieferung sicher.

Darüber hinaus schaffen Zeitfenster einen Rhythmus und eine Regelmäßigkeit, welche die Schätzung und die Steuerung vereinfachen und dabei helfen, auf Inhalte und Ergebnisse zu fokussieren. Der Scrum Master sorgt dafür, dass jedes Zeitfenster eingehalten wird.

SPRINT

Ein Sprint ist ein Arbeitsabschnitt, in dem ein Inkrement einer Produktfunktionalität umgesetzt wird. Ein Sprint umfasst eine definierte Zeit von zwei bis vier Wochen. Sprints sollten immer die gleiche Länge haben und damit den Rhythmus des Scrum Teams bestimmen. Ein Sprintzyklus ist grob in drei Abschnitte unterteilt: Sprint Start, Sprint Arbeit und Sprint Abschluss. Ein Sprint folgt unmittelbar auf den nächsten.

Für jeden Sprint wird ein Sprint Ziel definiert. Während des Sprints stellt der Scrum Master sicher, dass keine Änderungen gemacht werden, die das Sprint Ziel betreffen. Die Teamzusammenstellung, die Prognose, welche Einträge des Produkt Backlogs geliefert werden sowie die Qualitätsziele sollten während eines Sprints unverändert bleiben.

Die Variablen des Projektmanagements werden vor einem Sprint bestimmt und sind während eines Sprints fix: Die Zeit entspricht der Sprintlänge, der Aufwand entspricht der Kapazität des Teams, die Qualität wird durch die „Definition of Done" festgelegt, der Umfang der Arbeit wird durch das Sprint Ziel und die Auswahl der Product Backlog Einträge bestimmt.

Typischerweise ist die Sprintlänge und das Team über die Sprints hinweg stabil.

Das Sprint Ziel sowie die Auswahl der umzusetzenden Product Backlog Einträge (Umfang der Arbeit) und deren jeweilige Akzeptanzkriterien (Qualität) werden zu Anfang eines jeden Sprints zwischen Product Owner und Entwicklungsteam vereinbart.

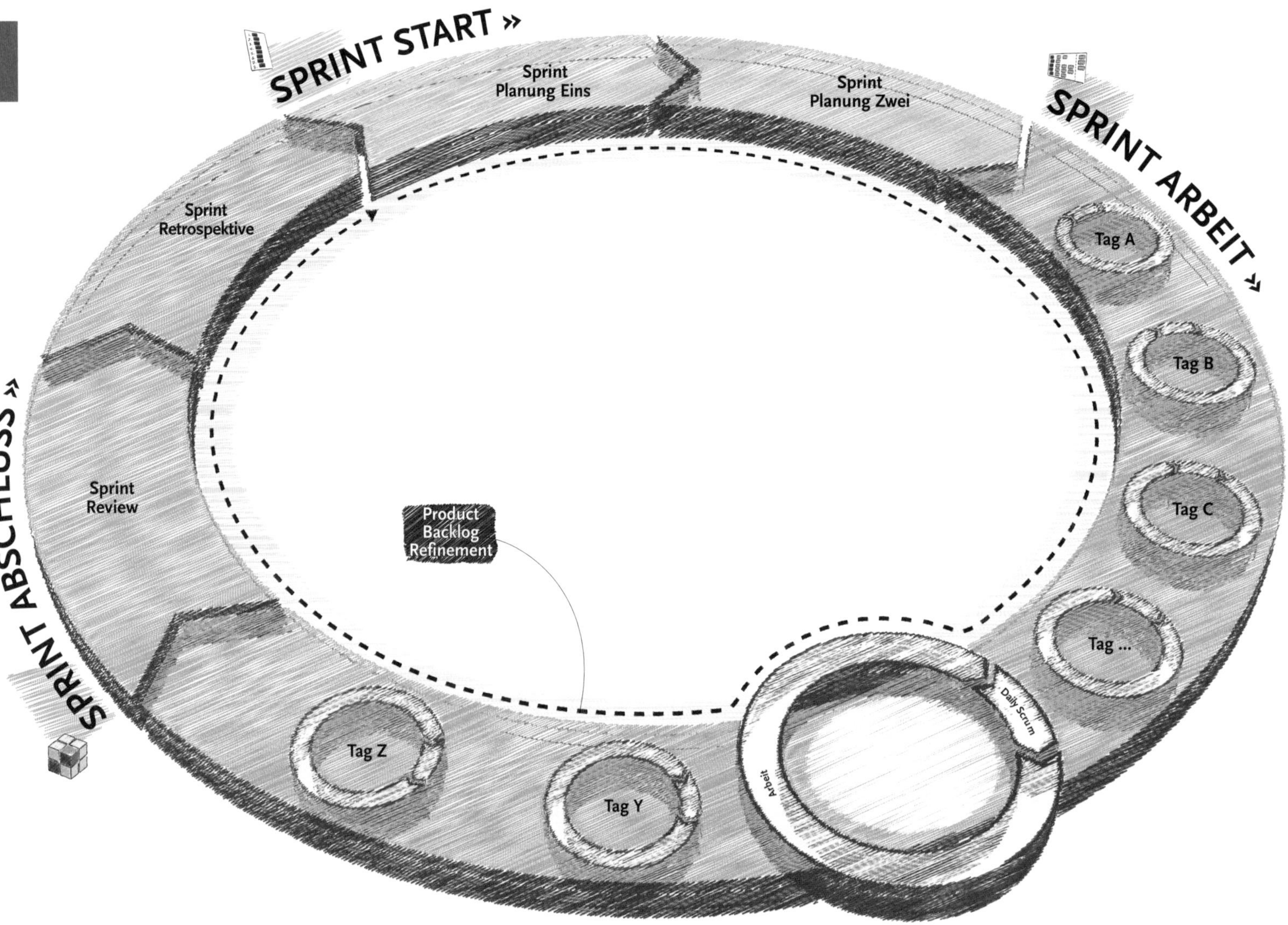

SPRINT START »

Sprint Planung Eins

Sprint Planung Zwei

SPRINT ARBEIT »

Sprint Retrospektive

Tag A

Tag B

Sprint Review

Tag C

Product Backlog Refinement

Tag ...

Daily Scrum

Arbeit

Tag Z

Tag Y

SPRINT ABSCHLUSS »

PLAN, DO, CHECK, ACT.

PLAN – Beim **Sprint Start** wird der Sprint üblicherweise in zwei aufeinanderfolgenden Ereignisse geplant: Sprint Planung Eins und Sprint Planung Zwei.

DO – Die **Sprint Arbeit** umfasst die wesentliche Arbeitszeit eines Sprints. Das Scrum Team macht die Arbeit, um die Einträge des Sprint Backlogs umzusetzen und das Inkrement fertigzustellen. Das Team hält jeden Tag ein Daily Scrum ab. Dieses dient der gemeinsamen Information, Abstimmung und Identifikation von Hindernissen. Daily Scrum setzt den Deming-Kreis („Plan, Do, Check, Act.") auf der täglichen Ebene um. Meist werden während der Sprint Arbeit ein oder mehrere Product Backlog Refinement Besprechungen durchgeführt, um ein gemeinsames Verständnis des Product Backlogs zu erreichen und das Backlog mit Ideen aus dem Team anzureichern.

CHECK & ACT – Beim **Sprint Abschluss** konzentriert sich das Team auf eine Bewertung des vergangenen Sprints und bereitet den nächsten vor. Zwei Besprechungen werden beim Sprint Abschluss durchgeführt: beim Sprint Review fokussiert das Scrum Team auf das umgesetzte Ergebnis, während es bei der Sprint Retrospektive die Arbeitsweise betrachtet.

Scrum setzt den Plan-Do-Check-Act-Zyklus (Demingkreis) konsequent auf der Ebene des Sprints und eines jeden Tags um.

SPRINT PLANUNG EINS

Sprint Planung Eins ist der erste Teil der Sprint Planung. Der Product Owner präsentiert die geordneten Product Backlog Einträge. Das ganze Scrum Team arbeitet daran, ein gemeinsames Verständnis für die im Sprint zu erledigende Arbeit zu gewinnen. Danach prognostiziert das Entwicklungsteam die Einträge, die es im nächsten Sprint realistisch liefern will und das Scrum Team definiert gemeinsam das Sprint Ziel.

Bei der Sprint Planung Eins definieren der Product Owner und das Entwicklungsteam gemeinsam „Was" entwickelt werden soll. Hierfür ist es notwendig, dass ein ausreichend detailliertes und geschätztes Product Backlog vorliegt.

Weitere Grundlagen für diese Aktivität sind das letzte Inkrement vom Produkt, die Kapazität des Entwicklungsteams und dessen vergangene Geschwindigkeit. Product Owner und Entwicklungsteam betrachten zusammen was insgesamt entwickelt werden muss und welche Eigenschaften bzw. Product Backlog Einträge im nächsten Sprint realisiert werden können.

Das Entwicklungsteam schätzt, wie viele Einträge des Product Backlogs es im nächsten Sprint fertig implementieren kann. Nur das Entwicklungsteam kann schätzen, was es im nächsten Sprint schafft.

Das Sprint Ziel wird erstellt nachdem die Einträge des Product Backlogs für den nächsten Sprint ausgewählt wurden. Das Sprint Ziel ist das übergeordnete Ziel, das mit dem nächsten Sprint erreicht wird. Es dient als Orientierung für das Entwicklungsteam, damit es sich auf die im Sprint erwarteten Ergebnisse fokussieren kann.

Checkliste für eine effektive Sprint Planung Eins:

Teilnehmer
- Product Owner
- Entwicklungsteam
- Scrum Master

Dauer
- Sprint Planung Eins und Sprint Planung Zwei sind Zeitfenster von zusammen maximal 8 Stunden, bei einem vierwöchigen Sprint.
- Bei kürzeren Sprints sollten etwa 5% der Gesamtlänge des Sprints für die Sprint Planung verwendet werden.

Ergebnisse
- Sprint Ziel
- Prognostizierte Product Backlog Einträge
- „Definition of Done"

Voraussetzung
- Ausreichend detailliertes und geschätztes Product Backlog

Hilfreiche Techniken
- Collocation
- Produktvision
- „Definition of Ready"

Checkliste für eine effektive Sprint Planung Zwei:

Teilnehmer
- Entwicklungsteam
- Scrum Master

Dauer
- Siehe Sprint Planung Eins: zusammen 5% vom Sprint

Ergebnisse
- Sprint Backlog

Voraussetzung
- Sprint Ziel
- Prognostizierte Product Backlog Einträge

Hilfreiche Techniken
- Collocation
- Sprint Board

SPRINT PLANUNG ZWEI

Sprint Planung Zwei ist der zweite Teil der Sprint Planung. Das Entwicklungsteam plant im Detail, welche Aufgaben zum Erreichen des Sprint Ziels und zur Lieferung der prognostizierten Product Backlog Einträge notwendig sind.

In der Sprint Planung Zwei findet das Team heraus, was alles getan werden muss, um die prognostizierten Product Backlog Einträge so zu implementieren, dass die „Definition of Done" erfüllt ist. Das Entwicklungsteam definiert die entsprechenden Aufgaben und erstellt daraus den Plan für den Sprint – das sogenannte Sprint Backlog.

Die Aufgaben des Sprint Backlogs sollten für die nächsten Tage nicht größer als ein Tag sein. Damit können beim Daily Scrum die Fragen „Was habe ich gestern erreicht" und „Was will ich heute erreichen" mit konkreten Aufgaben vom Sprint Backlog beantwortet werden. Aufgaben, die erst später im Sprint geplant sind, können auch später detailliert werden.

Der Product Owner kann während der Sprint Planung Zwei anwesend sein, um gegebenenfalls Product Backlog Einträge zu erklären und bei Richtungsentscheidungen zu unterstützen.

Wenn das Entwicklungsteam bei der Sprint Planung Zwei herausfindet, dass es zu wenige oder zu viele Einträge des Product Backlogs für den nächsten Sprint prognostiziert hat, passt es seine Prognose an und bespricht die Änderungen mit dem Product Owner. Am Ende der Sprint Planung verpflichtet sich das Team auf die Lieferung des Sprint Ziels. Das Scrum Team kann andere Personen zur Sprint Planung Zwei einladen, die technische oder inhaltliche Unterstützung leisten.

In der Sprint Planung Zwei werden die Aufgaben nicht an die Teammitglieder verteilt. Die Teammitglieder nehmen sich genau dann eine Aufgabe, wenn sie diese beginnen.

Meeting mit
Redaktion
durchführen

Die Ereignisse zur Sprint Planung gewährleisten
die Fokussierung während des Sprints.
Sie ermöglichen dem Entwicklungsteam selbstorganisierende
Abschätzung und Planung der erforderlichen Arbeit.

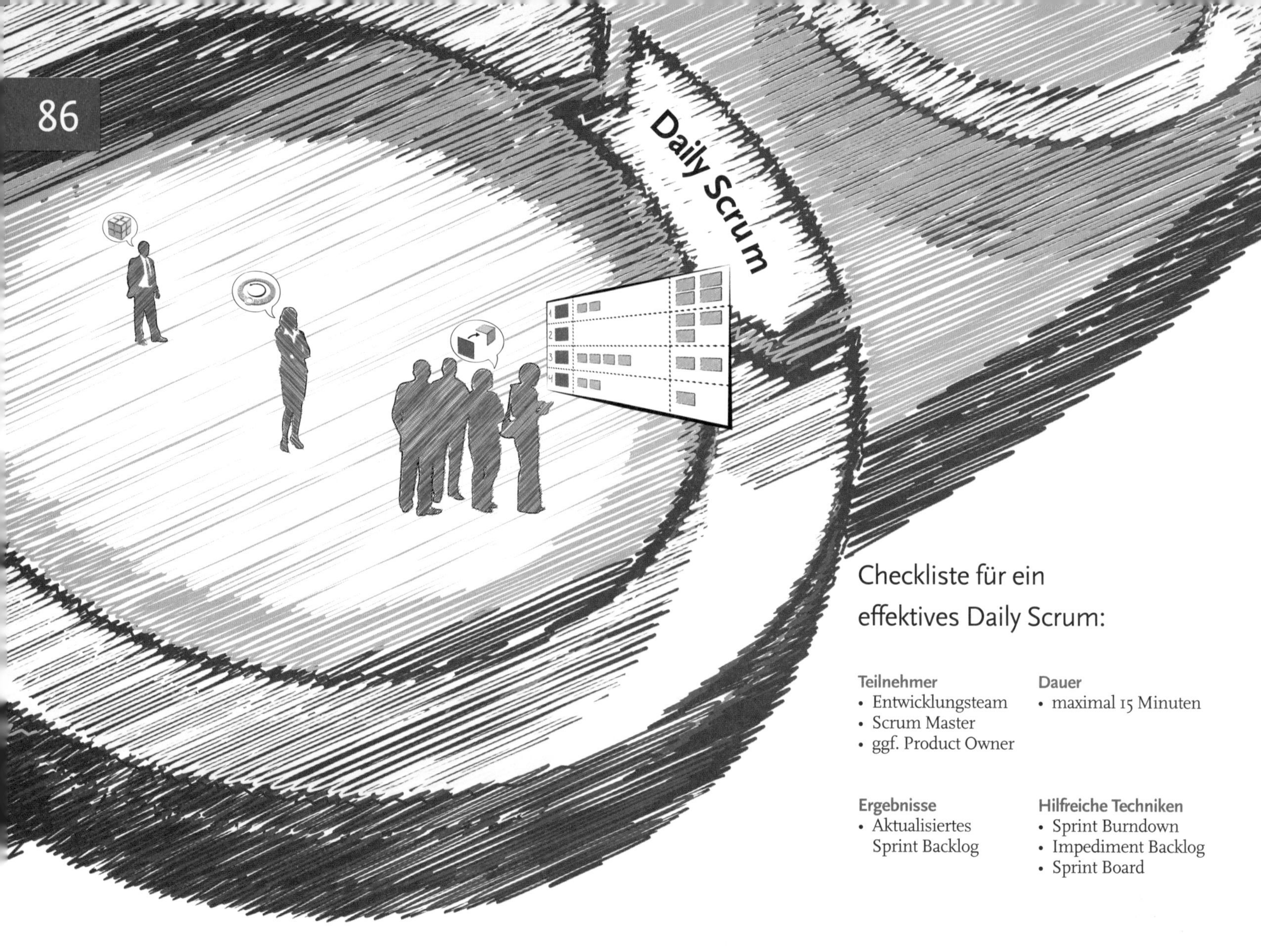

Checkliste für ein effektives Daily Scrum:

Teilnehmer
- Entwicklungsteam
- Scrum Master
- ggf. Product Owner

Dauer
- maximal 15 Minuten

Ergebnisse
- Aktualisiertes Sprint Backlog

Hilfreiche Techniken
- Sprint Burndown
- Impediment Backlog
- Sprint Board

DAILY SCRUM

Während des Sprints trifft sich das Entwicklungsteam jeden Tag. Beim Daily Scrum überprüft es Fortschritte und stellt den Informationsfluss innerhalb des Teams sicher. Das Daily Scrum ist während eines Sprints das Schlüsselereignis für Überprüfung und Anpassung. Dazu beantwortet jedes Mitglied folgende drei Fragen:

- Was wurde seit der letzten Besprechung erreicht?
- Was wird vor der nächsten Besprechung erledigt?
- Welche Hindernisse gibt es?

Andere interessierte Stakeholder können am Daily Scrum teilnehmen. Sie sind aber nicht berechtigt zu sprechen.

Tipp: Wenn zusammen mit der Beantwortung der Fragen auch die Tasks am Sprint Board bewegt werden, visualisiert dies die mündlichen Aussagen. Damit wird das Ereignis für alle greifbarer.

Tipp: Variieren Sie als Scrum Master ruhig die Art und Weise, in der Sie die Fragen stellen. Statt z. B. jeden der Reihe nach alle drei Fragen beantworten zu lassen können Sie eine Frage an alle stellen. Zum Beispiel: erst sagen alle, was sie gestern erreicht haben, dann plant das Team zusammen was es heute erreichen will, und dann werden mögliche Hindernisse besprochen.

Das Daily Scrum sichert zeitnahe Kommunikation sowie die Aufdeckung und Lösung von Behinderungen. Es reduziert den Bedarf an anderen Meetings und fördert den Fokus auf kleine Schritte.

Die Verantwortung für die Durchführung des Daily Scrum liegt beim Entwicklungsteam. Der Scrum Master sorgt lediglich dafür, dass die Zeitvorgaben eingehalten werden, indem er darauf achtet, dass die Beteiligten sich kurz fassen und auf das Wesentliche fokussieren. Er dokumentiert Hindernisse und kümmert sich darum [» „Impediment Backlog“ auf Seite 166].

Koordinations-Folgemeetings sind gewöhnlich erforderlich, wenn Anpassungen der anstehenden Arbeit im Sprint erforderlich werden. Diese dienen dazu, die Wahrscheinlichkeit zu erhöhen, dass das Team das Sprint Ziel erreicht.

Das Daily Scrum wird zur Reduzierung der Komplexität im Sprint jeden Tag zur gleichen Zeit am gleichen Ort abgehalten. Es ist kein Statusmeeting, sondern sorgt für Informationsaustausch und Organisation der Arbeit im Entwicklungsteam. Der Scrum Master sorgt für die Rahmenbedingungen.

SPRINT REVIEW

Das Sprint Review wird am Ende des Sprints durchgeführt, um das Inkrement zu untersuchen und das Product Backlog anzupassen. In diesem Ereignis führt das Entwicklungsteam dem Product Owner und den Stakeholdern das Inkrement vor und beantwortet Fragen dazu. Das Scrum Team und die Stakeholder besprechen die Ergebnisse des aktuellen Sprints und was als Nächstes zu tun ist.

Das Sprint Review ist das „Produkt-Besser-Mach-Ereignis". Das vorliegende Inkrement wird inspiziert, um das Product Backlog zu optimieren, damit das Produkt noch besser wird. Deshalb sollten als Stakeholder möglichst Kunden bzw. Anwender eingeladen werden.

Beim Sprint Review handelt es sich um eine reale Produktpräsentation – keine Folien. Vorgeführt werden nur Backlog Einträge, die der „Definition of Done" genügen.

Typischerweise geht das Scrum Team durch die prognostizierten Product Backlog Einträge und überprüft, wie die Anforderungen (User Stories) in dem Inkrement umgesetzt wurden. Der Product Owner inspiziert die präsentierten Funktionalitäten und bewertet, welche Einträge erledigt sind und welche nicht. Basis hierfür sind die Akzeptanzkriterien, sofern diese definiert wurden. Manchmal wird dies als Abnahme bezeichnet. Danach arbeiten das Scrum Team und teilnehmende Stakeholder zusammen an den Veränderungen, die im Product Backlog ggf. erforderlich sind.

Ein Ergebnis des Sprint Reviews ist ein überarbeitetes Product Backlog als Basis für die nachfolgende Sprint Planung.

Checkliste für ein effektives Sprint Review:

Teilnehmer
- Product Owner
- Scrum Master
- Entwicklungsteam
- Stakeholder

Voraussetzungen
- Inkrement
- „Definition of Done“

Ergebnisse
- Product Backlog

Hilfreiche Techniken
- Collocation

Dauer
- Das Sprint Review ist eine Besprechung von bis zu vier Stunden bei einem vierwöchigem Sprint.
- Bei kürzeren Sprints sollte es nicht mehr als 3 % des gesamten Sprints in Anspruch nehmen.
- Teammitglieder sollten nicht länger als eine Stunde mit der Vorbereitung verbringen.

SPRINT RETROSPEKTIVE

Sprint
Retrospektiv

Bei der Sprint Retrospektive überprüft das Scrum Team seine Zusammenarbeit und Arbeitsweise, um sie in Zukunft effizienter und effektiver zu machen. Der Scrum Master unterstützt das Scrum Team, nach guten Praktiken zu suchen und Verbesserungsmaßnahmen zu identifizieren, die im nächsten Sprint umgesetzt werden.

Tipp: Auf der Webseite www.plans-for-retrospectives.com finden Sie viele gute Ideen, um Retrospektiven zu gestalten.

Checkliste für eine effektive Sprint Retrospektive:

Teilnehmer
- Entwicklungsteam
- Scrum Master
- Product Owner

Dauer
- Die Sprint Retrospektive dauert im Falle eines vierwöchigen Sprints bis zu drei Stunden.
- Bei Sprints mit einer geringeren Dauer sollte diese Besprechung nicht mehr als 2 % des gesamten Sprints in Anspruch nehmen.

Ergebnisse
- Impediment Backlog
- Maßnahmen zur Verbesserung der Arbeitsweisen

Hilfreiche Techniken
- Fünf Phasen einer Retrospektive
- Diverse Techniken für Retrospektiven
- Collocation

Die Sprint Retrospektive wird nach dem Sprint Review und vor der nächsten Sprint Planung durchgeführt. Input für diese Aktivität sind Performance-Informationen, typischerweise als Sprint Burndown-Grafik, Schnelligkeit sowie andere Informationen zur Arbeitsweise wie z. B. das Impediment Backlog und die persönlichen Erfahrungen eines jeden Teammitglieds im Sprint.

Im Ereignis prüft das Scrum Team den letzten Sprint und identifiziert wichtige Punkte, die gut gelaufen sind, und ebenso Punkte, durch deren Veränderung die Arbeitsweise verbessert werden könnte. Betrachtet werden hierbei alle möglichen Einflussfaktoren: von der Zusammensetzung des Teams, Kommunikationsstrategien und Besprechungsregeln bis hin zu Werkzeugen, „Definition of Done" und Arbeitsweisen zur Erledigung von Product Backlog Einträgen. Ergebnis der Sprint Retrospektive sind nachverfolgbare Verbesserungsmaßnahmen, die im nächsten Sprint angewendet werden.

Eine Retrospektive hat typischerweise 5 Phasen: Ankommen, Daten sammeln, Erkenntnisse gewinnen, Entscheiden was zu tun ist und die Retrospektive abschließen. Es gibt viele Formate und Techniken um diese Schritte durchzuführen. Beispiele sind der Seestern, die Zeitachse oder das Feedback Capture Grid. Diese Techniken haben wir im Kapitel „Techniken zum Einsatz in Scrum-Projekten" ab Seite 120 näher beschrieben.

Nutzen sie Brainstorming-Formate, um alle Teammitglieder zu ermutigen ihre Ideen einzubringen.

Zur Aufdeckung von guten Praktiken und von Maßnahmen zur Optimierung ist es hilfreich, nicht nur in zwei Kategorien (gut und schlecht) zu denken. Probieren Sie verschiedene Ansätze, um dem Team zu helfen neue Wege zu denken.

Checkliste für ein effektives Product Backlog Refinement:

Teilnehmer
- Product Owner
- Entwicklungsteam
- Scrum Master
- Stakeholder

Dauer
- Product Backlog Refinement ist eine Teilzeitaktivität zwischen dem Product Owner und dem Entwicklungsteam während eines Sprints. Wann und wie das Refinement stattfindet, entscheidet das Scrum Team.
- Product Backlog Refinement nimmt üblicherweise nicht mehr als 10 % eines Sprints in Anspruch.

Ergebnisse
- Product Backlog

Hilfreiche Techniken
- Produktvision
- Planning Poker
- Release Planung
- Release Burndown
- Collocation
- „Definition of Ready“

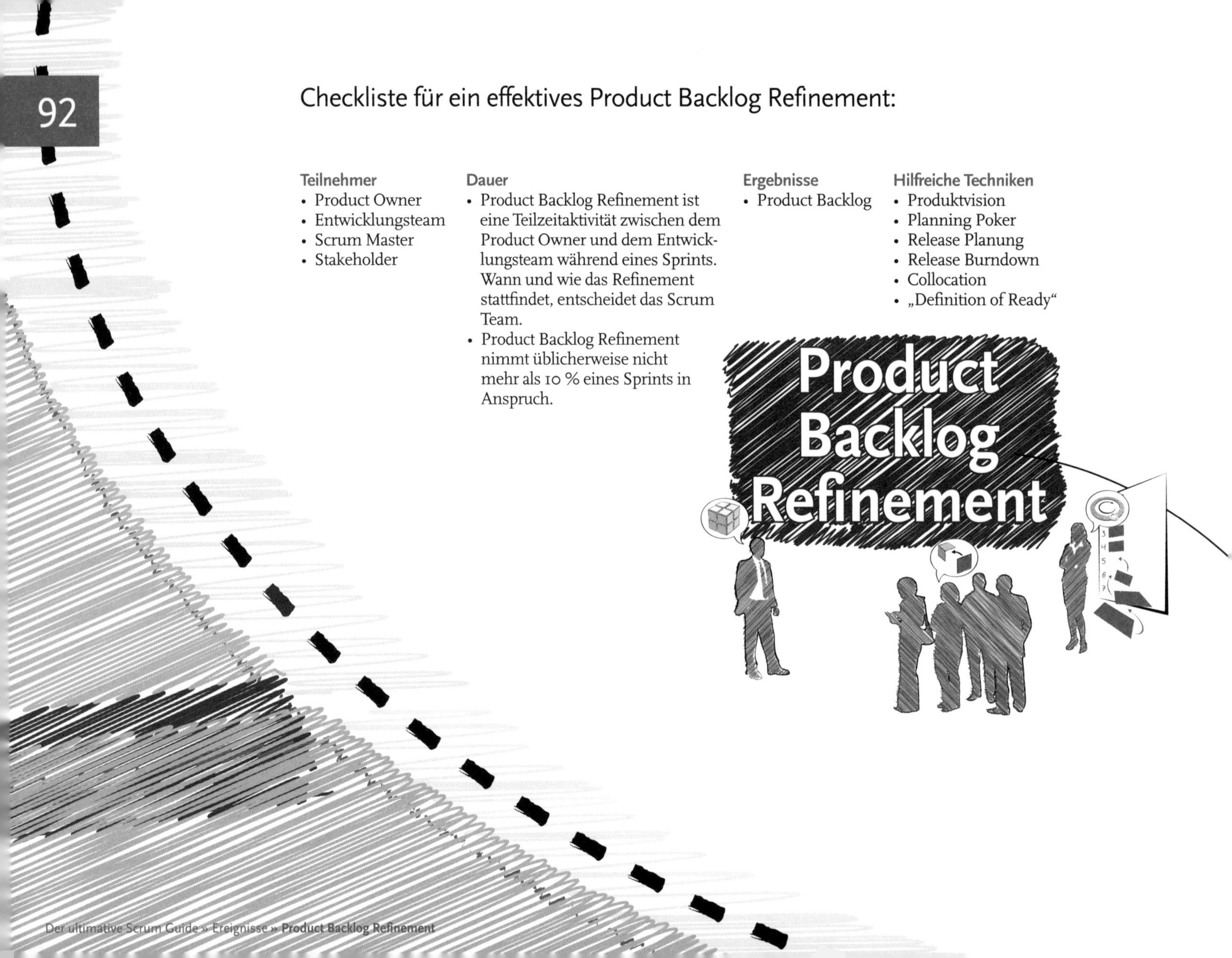

PRODUCT BACKLOG REFINEMENT

Das Hinzufügen von Details, Schätzungen und einer Ordnung zu Einträgen im Product Backlog nennt sich Product Backlog Refinement. Das ist ein fortlaufender Prozess, der in der Verantwortung des Product Owners liegt.

Das Product Backlog Refinement (auch: Grooming) wird in der Literatur zu Scrum nicht immer erwähnt, aber es ist essentiell wenn die Sprint Planung Eins kurz und effektiv gehalten werden soll. Das Product Backlog Refinement ist eine fortlaufende Tätigkeit des Product Owners, um das Product Backlog weiter zu entwickeln, zu detaillieren und um unnötige Inhalte zu entfernen. Ein Teil dieser Tätigkeit sind Ereignisse, die der Product Owner mit dem Entwicklungsteam und Stakeholdern durchführt. Die Product Backlog Refinement Ereignisse sollten während eines Sprints ein- oder zweimal durchgeführt werden, um den nächsten Sprint vorzubereiten. Hierbei entwickeln der Product Owner, das Entwicklungsteam und Stakeholder gemeinsam das Product Backlog mit seinen Details und Schätzungen zu Product Backlog Einträgen sowie deren Ordnung im Product Backlog weiter und planen die Releases.

Typisch sind Product Backlog Refinement Ereignisse zur Weiterentwicklung des Product Backlogs, zur Schätzung neuer Einträge und zur Releaseplanung. Zu den Ereignissen lädt der Product Owner das gesamte Scrum Team (und bei Bedarf weitere Stakeholder) ein, um am Product Backlog zu arbeiten.

In den Product Backlog Refinement Ereignissen werden die Einträge des Product Backlogs einem Review unterzogen, detailliert, neue ergänzt und obsolete Einträge gestrichen.

In den Schätz-Sitzungen wird der Umfang der Product Backlog Einträge durch das Team abgeschätzt. Ggf. werden umfangreiche Product Backlog Einträge zur besseren Handhabung in kleinere aufgeteilt.

Bei der Releaseplanung werden die Product Backlog Einträge in Releases aufgeteilt und die Releasetermine (Meilensteine) bestimmt. Ein Release ist ein Inkrement, das ausgeliefert und in Produktion genommen werden soll. Die Releaseplanung gleicht Features, Termine und Entwicklungskapazität ab, damit der Product Owner Antworten auf die Fragen hat: „Wann ist das Release fertig?", „Welche Features werden im Release umgesetzt sein?" und „Welche Kapazität benötigen wir, um alles zum gewünschten Zeitpunkt fertig zu haben?" Mit Hilfe eines Release Burndowns verfolgt der Product Owner den Fortschritt des Produkts über die Sprints hinweg.

Zu Beginn eines Projekts ist das Product Backlog Refinement die erste Tätigkeit, die ein Scrum Team durchführt. In dieser ersten Besprechung wird das initiale Product Backlog aufgestellt. Dieses sollte so detailliert sein, dass der erste Sprint begonnen werden kann.

„Ohne die Retrospektive und die Release Planung
würde unser Projekt seine Pläne nicht halten können –
so wie früher.“

BEISPIEL: EIN TYPISCHER

Sprint Planung

(I) Der Product Owner präsentiert dem Entwicklungsteam die Product Backlog Einträge entsprechend ihrer Ordnung und beantwortet Fragen zur Klärung. Product Owner und Entwicklungsteam definieren das Sprint Ziel.
(II) Das Entwicklungsteam definiert alle Aufgaben, die erforderlich sind, um alle für den Sprint ausgewählten Product Backlog Einträge umzusetzen. Daraus erstellt das Entwicklungsteam das Sprint Backlog.

Commitment

Das Entwicklungsteam verpflichtet sich zum Sprint Ziel und der Product Owner verpflichtet sich, keine Änderungen hierzu während des Sprints vorzunehmen. Der Product Owner informiert ggf. die Stakeholder.

Product Backlog Refinement (PBR)

Der Product Owner und die Stakeholder (inkl. Entwicklungsteam) entwickeln neue Features, korrigieren vorhandene Einträge und aktualisieren das Product Backlog.

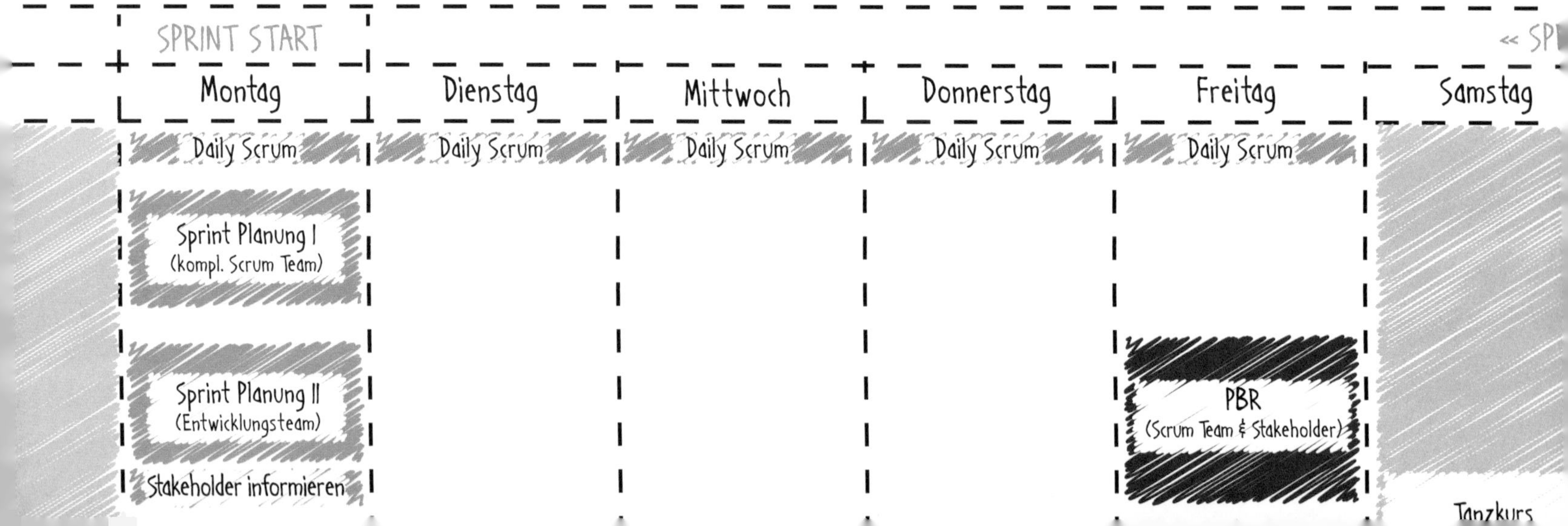

14-TAGE-SPRINT

PBR: Release Planung

Der Product Owner aktualisiert gemeinsam mit dem Team die Aufteilung der Product Backlog Einträge in Releases.

PBR: Schätzung

Der Product Owner und das Entwicklungsteam prüfen das Product Backlog, schätzen neue Einträge und ordnen das Product Backlog (z. B. hoher ROI, hohe Risiken).

Sprint Review

Der Product Owner, das Entwicklungsteam und die Stakeholder prüfen die in diesem Sprint gelieferten Funktionalitäten. Das Entwicklungsteam präsentiert. Das Product Backlog wird ggf. überarbeitet.

Sprint Retrospektive

Das Scrum Team identifiziert, was gut war bzw. was verbessert werden sollte und einigt sich auf Änderungen für den nächsten Sprint. Der Scrum Master unterstützt dabei.

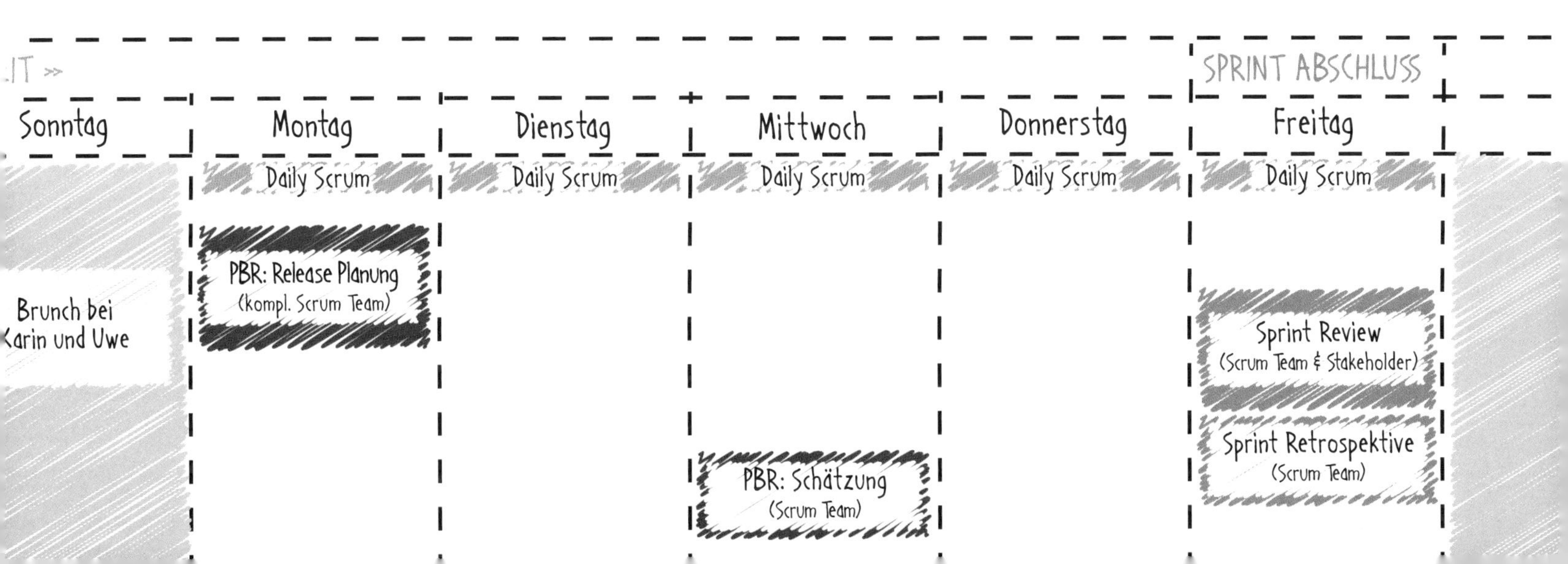

ARTEFAKTE ZUR OPTIMIERUNG DER ARBEIT

PRODUCT BACKLOG

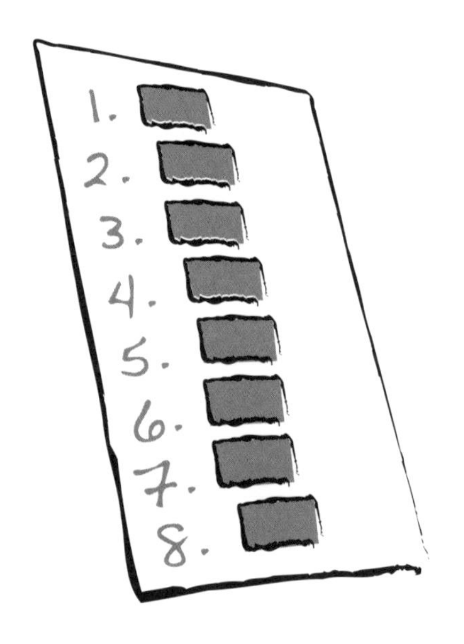

Das Product Backlog ist eine geordnete Auflistung von Allem, was für das Produkt benötigt wird und ist die alleinige Quelle für Anforderungen, die zu Anpassungen des Produktes führen. Es ist dynamisch und wird ständig weiterentwickelt, um Anforderungen zu identifizieren, mit denen das Produkt angemessen, wettbewerbsfähig und nützlich wird.

Das Product Backlog beinhaltet alles Notwendige zur Entwicklung und Einführung eines neuen Produkts. Es enthält eine umfassende Beschreibung aller benötigten Merkmale, Funktionen, Wunschlisten usw. und definiert das „Was" des zu Erstellenden. Es ist offen und änderbar für Jeden und enthält grobe Abschätzungen sowohl für den Unternehmenswert als auch für den Entwicklungsaufwand.

Das Product Backlog ist Eigentum des Product Owners. Er ist verantwortlich für den Inhalt, seine Verfügbarkeit und Sortierung. Der Unternehmenswert wird durch den Product Owner festgelegt. Der Entwicklungsaufwand wird durch das Entwicklungsteam festgelegt.

Alle Einträge – zumindest des aktuellen Releases – werden strikt geordnet. Die oberen Einträge im Product Backlog treiben die nächsten Entwicklungsaktivitäten. Höher angeordnete Einträge sind klarer beschrieben und mit detaillierteren Informationen versehen als weiter unten angeordnete Einträge. Die oberen Einträge sollten klein genug sein, um in einen Sprint zu passen.

Die initiale Fassung des Product Backlogs zeigt die zu Anfang bekannten Anforderungen. Mit der Zeit entwickelt sich das Product Backlog. Sobald Inkremente geprüft und Releases des Produkts angewendet werden, bewirken entsprechende Rückmeldungen, dass das Product Backlog umfangreicher, vollständiger und detaillierter wird.

Vor dem ersten Sprint werden die Product Backlog Einträge initial eingetragen und in einem ersten Product Backlog Refinement geschätzt. Später werden sie durch weitere Refinements während des Sprints aktualisiert. Die obersten Einträge werden in der Sprint Planung Eins für die Entwicklung ausgewählt, während des Sprints entwickelt und im Sprint Review überprüft.

Ordnen und Priorisieren

Typischerweise erfolgt das Ordnen der Product Backlog Einträge durch Priorisieren nach Return on Investment (ROI). Das Priorisieren nach ROI ist sehr hilfreich weil dadurch Aspekte wie Entwicklungsaufwand, Risiken, Priorität oder Wert abgedeckt werden können. Der ROI ermöglicht das Ordnen des Product Backlogs nach Unternehmenswert. Damit unterstützt es den Product Owner in seiner Verantwortung für die Maximierung des ROI des Produkts.

Wie lange wird es dauern?

Die Release Burndown-Grafik [» Seite 148 ff] zeigt die Summe des Aufwands für die verbleibenden Product Backlog Einträge auf der Zeitachse.

Das Formulieren von Product Backlog Einträgen

Zum Schreiben der Product Backlog Einträge wird oft die User Story-Technik [» Seite 131] verwendet. Dies ist eine einfache und effektive Technik zur Erfassung der Anforderungen aus der Sicht verschiedener Produktanwender.

Umgang mit Fehlern

Das Product Backlog kann auch Mängel enthalten. Es gibt keine separate Fehlerliste. Der Grund hierfür ist, dass es sich bei Behebung eines Mangels ebenfalls um etwas handelt, was benötigt wird – und das Product Backlog enthält alles, was benötigt werden könnte.

Erledigt – und was nun?

Das Product Backlog beschreibt, was in der Zukunft benötigt wird. Einträge, die bereits entwickelt und in das Produkt integriert wurden, sind nicht länger Bestandteil des Product Backlog.

Checkliste

- Das Product Backlog wird permanent aktualisiert und gepflegt.
- Alle Einträge sind geordnet. Keine zwei Einträge haben dieselbe Position.
- Für hoch angeordnete Einträge wurde der Entwicklungsaufwand durch das Entwicklungsteam bestimmt.
- Für hoch angeordnete Einträge wurde der Unternehmenswert durch den Product Owner bestimmt.
- Hoch angeordnete Einträge sind klein genug, so dass sie in einen Sprint passen.
- Der Product Owner kann den Zweck eines jeden Eintrags im Product Backlog erklären.
- Jedes Stück Arbeit, das vom Team erledigt wird, ist aus einem Eintrag des Product Backlogs abgeleitet.

DIE PRODUCT BACKLOG

Der Product Owner detailliert und verfeinert die Einträge im Product Backlog Sprint für Sprint. Damit schafft der Product Owner kontinuierlich ausreichend detaillierte Einträge, welche die Definition of Ready erfüllen [» Seite 138].

Um einen Eintrag im Product Backlog zu verfeinern, wird in zwei Schritten vorgegangen:

- Im ersten Schritt werden die Akzeptanzkriterien für einen Product Backlog Eintrag entwickelt. Dazu wird pro Product Backlog Eintrag darüber nachgedacht, wie ihn der Product Owner beim Sprint Review abnehmen kann. Dabei hilft die Frage: „Wenn ich als Product Owner im Sprint Review sitze, was will ich dann sehen?" Die Antworten auf diese Frage sind die Akzeptanzkriterien.

- Im zweiten Schritt wird jedes Akzeptanzkriterium als ein eigener Product Backlog Eintrag formuliert.

Sind die so verfeinerten Product Backlog Einträge immer noch zu groß für einen Sprint, wird das Verfahren für die neuen Product Backlog Einträge wiederholt und so sukzessive detailliert.

Bei der Verfeinerung werden die neuen Product Backlog Einträge wieder geschätzt. Die Summe der Schätzungen der detaillierten Product Backlog Einträge ist dabei unabhängig von der Schätzung des zerlegten Eintrags. So kann es z. B. sein, dass der ursprüngliche Eintrag eine Schätzung von 20 Story Points hatte, die detaillierten Einträge in der Summe aber 21 Story Points umfassen. Die Differenz ist eine Folge der Schätzungenauigkeit. Diese ist bei „großen" Product Backlog Einträgen höher als bei „kleinen" detallierten Einträgen. Durch das Detaillieren großer Einträge erhöhen wir somit die Schätzgenauigkeit.

Große Product Backlog Einträge werden häufig als Epic bezeichnet. Ob man ein Epic im Product Backlog belässt, nachdem es verfeinert wurde – das Product Backlog also eine Baumstruktur hat – oder ob man die verfeinerten Epics wegwirft und nur ein „flaches" Product Backlog führt, bleibt dem persönlichen Geschmack des Product Owners und den Projektbedürfnissen überlassen. Beides ist möglich.

EINTRÄGE DETAILLIEREN

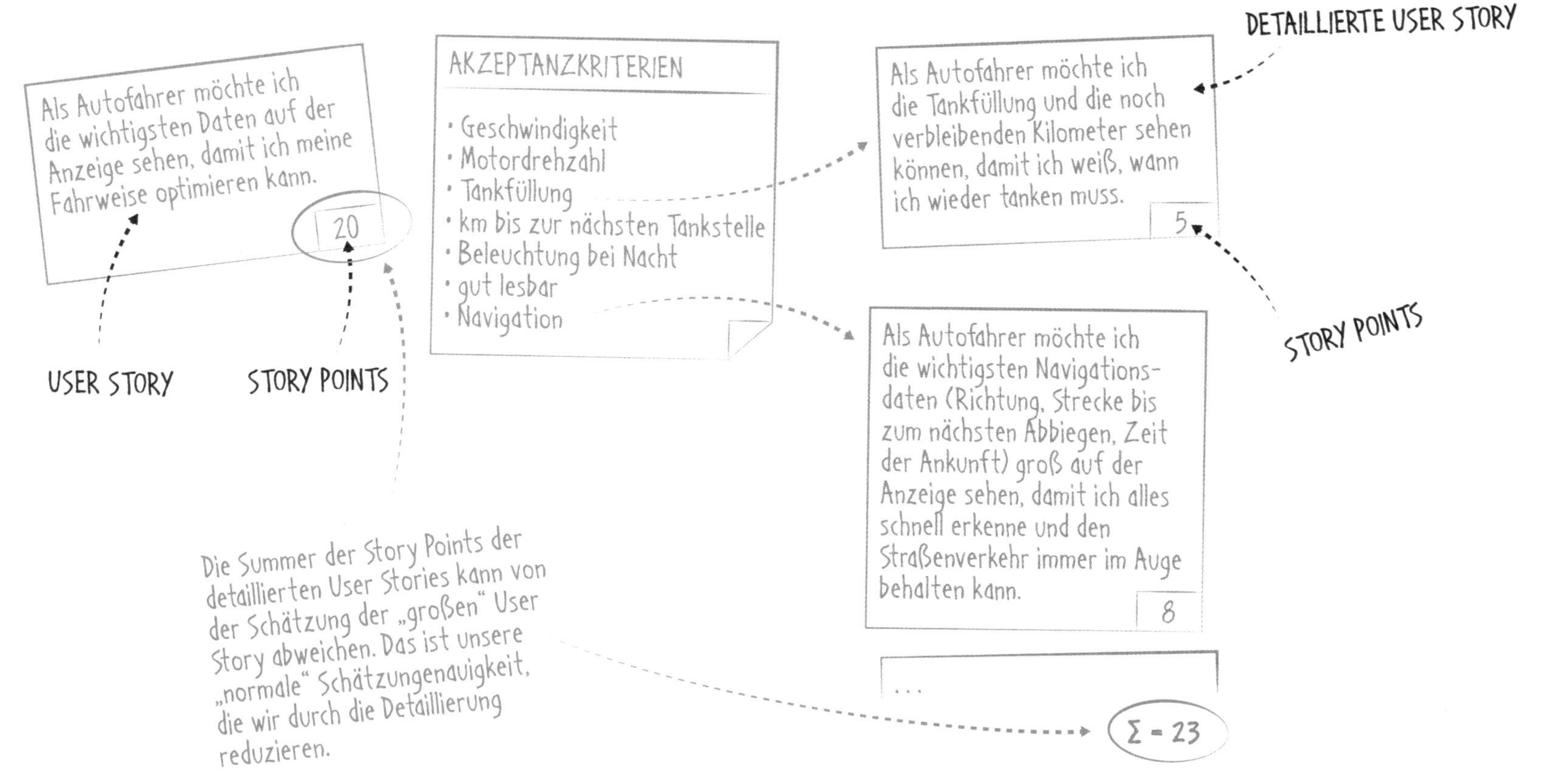

HILFREICHE TIPPS ZUM

Ein Interview mit Malte Foegen über seine Erfahrungen als Product Owner

„Wie hast du dein erstes Product Backlog erstellt?“

„Erst habe ich eine Vision erstellt (Papier, Flipchart) und dann in einem Team Brainstorming über Features von dem zukünftigen Produkt gemacht (Klebezettel).“

„Was für ein Team war das?“

„Gemischt: zukünftige Anwender des Produkts, mögliche Entwickler und ich als Product Owner. Das war bewusst ein innovatives Team, das das Produkt von verschiedenen Perspektiven betrachtet.“

„Was passiert mit den Klebezetteln aus dem Brainstorming?“

„Daraus wurden im Team ordentliche User Stories formuliert und diese mit ‚Magic Prioritization‘ geordnet. Die Top User Stories habe ich als Product Owner noch in eine absolute Reihenfolge gebracht.“

„Wie vollständig war das Product Backlog am Anfang?“

„Mir sind beim Start eines Projektes zwei Sachen wichtig:
1. dass ich eine Produktvision und ausreichend viele User Stories habe, die das Produkt langfristig definieren und
2. genug detaillierte User Stories, um den ersten Sprint zu starten.

Diese User Stories breche ich dann im Laufe des Projekts weiter herunter.“

„Wie gehst du mit Fehlern um?“

„Es gibt unterschiedliche Fehler:

- Fehler, bei denen Dinge nicht so funktionieren, wie wir uns das als Team vorgestellt haben.
- Fehler, bei denen das, was wir uns vorgestellt haben nicht so ist, wie der Kunde es beim Produkt will.

Für alle diese Fehler schreiben wir in das Product Backlog eine User Story, die eine Behebung des Fehlers definiert.
Je nach Bedeutung des Fehlers, d. h. dem ROI seiner Behebung, wird er dann ins Product Backlog einsortiert.“

„Wie gehst du mit Änderungen um?“

„Änderungen sind eine ganz natürliche Sache. Ich würde sogar sagen erwartet. Im Sprint Review erwarte ich, dass wir zu neuen Ideen kommen. Diese Ideen führen zu neuen Product Backlog Einträgen und ggf. auch einer neuen Sortierung des Product Backlogs.“

„Was ist ‚Magic Prioritization‘?“

„‚Magic Prioritization‘ ist eine Abwandlung von Magic Estimation. Statt die Technik für Aufwände zu verwenden haben wir sie für Prioritäten verwendet.“
[» Seite 136]

„Mit welchem Tool arbeitet ihr?“

„In Brainstorming Sessions und auch beim Sprint Review sind für mich die großen Klebezettel unbezahlbar, weil sie Jedem ermöglichen, sofort die Idee aufzuschreiben und für alle sichtbar hinzukleben. Allerdings werden alle Product Backlog Einträge letztendlich in ein Werkzeug aufgenommen, das eine kollaborative Pflege des Product Backlogs zulässt. Ich habe einige Werkzeuge ausprobiert, da kommt es nicht darauf an welches – nur dass man eines hat.“

„Gibt es aus deiner Anfangszeit als Product Owner Lessons Learned?“

„Da für ein Produkt sehr viele Ideen entstehen können: Releases planen. Mit Hilfe der Releases kann ich die Product Backlog Einträge grob sortieren und den Releases zuordnen. Im Detail ordne ich dann nur das aktuelle Release. Dadurch kann ich meinen Product Owner-Aufwand auf das zur Zeit Wesentliche konzentrieren und trotzdem geht keine große Idee verloren.“

„Verrätst du uns deine hilfreichste Empfehlung?“

„Unabdingbar ist es, das Product Backlog regelmäßig zu durchkämmen und das Wichtigste nach oben zu priorisieren. Immer wieder säubern. Das Schlechte raus ... ständig säubern. Und unglaublich hilfreich: so viel wie möglich die User beteiligen.“

SPRINT BACKLOG

Das Sprint Backlog besteht aus den Product Backlog Einträgen, die für den Sprint ausgewählt wurden. Um das Sprint Ziel zu erreichen, beinhaltet das Sprint Backlog einen Plan für die Lieferung des Inkrements. Das Sprint Backlog ist eine Prognose des Entwicklungsteams bezüglich der möglichen Funktionalität des nächsten Inkrements und der dafür erforderlichen Arbeit.

Checkliste

- Enthält das Sprint Backlog die Einträge, die für den Sprint ausgewählt wurden?
- Ist der Plan zur Lieferung der Einträge vorhanden,
- sichtbar für das gesamte Team,
- täglich aktualisiert,
- verantwortet und gepflegt durch das Entwicklungsteam?

Das Sprint Backlog macht die Planung, wie das Entwicklungsteam die Einträge im kommenden Sprint umsetzen wird, für das gesamte Scrum Team transparent. Es enthält alles, was für die Entwicklung der Einträge gemäß der vereinbarten „Definition of Done" erforderlich ist. Das Sprint Backlog ist das gemeinsame Eigentum des gesamten Entwicklungsteams.

Die Auswahl der Product Backlog Einträge für den Sprint erfolgt im Rahmen der Sprint Planung Eins. Der Plan für die Lieferung der Einträge wird durch das Entwicklungsteam in Sprint Planung Zwei ausgearbeitet.

Das Entwicklungsteam modifiziert das Sprint Backlog während des Sprints mindestens täglich. Es kann jederzeit sein, dass das Entwicklungsteam feststellt, dass mehr, weniger oder andere Aufgaben erforderlich sind um die ausgewählten Product Backlog Einträge in diesem Sprint zu implementieren. Durch das Aktualisieren des Sprint Backlogs hat das gesamte Scrum Team Einblick in die Aufgaben, wer woran arbeitet, Behinderungen und Fortschritt. Diese Transparenz ermöglicht dem Entwicklungsteam eine gemeinsame Verantwortung für die Lieferung des Sprint Ziels zu leben und sich selbst zu organisieren.

Sprint Board

Es gibt viele Möglichkeiten einen Plan zu visualisieren. Typischerweise nutzen Scrum Teams ein Sprint Board. Hier besteht das Sprint Backlog aus einer Tafel mit einer Spalte für die ausgewählten Product Backlog Einträge, sowie einer Spalte für die notwendigen Aufgaben zur Erledigung der Einträge.

Wie läuft unser Sprint?

Die Sprint Burndown-Grafik [»Seite 142] zeigt den verbleibenden Aufwand für den Sprint auf der Zeitachse.

Erledigt

Die „Definition of Done" [» Seite 118] definiert, was es bedeutet wenn ein Product Backlog Eintrag als fertig deklariert wird. Bei der Aufstellung der Aufgaben, die zur Lieferung eines Eintrags erforderlich sind, sollte man immer die „Definition of Done" und die Akzeptanzkriterien von „Erledigt" im Blick haben.

Ins Detail gehen

Der Detaillierungsgrad des Sprint Backlog sollte so sein, dass das Team den Fortschritt im Daily Scrum sehen kann. Das bedeutet typischerweise, dass Aufgaben nicht länger als einen Tag dauern sollten.

Nicht mehr und nicht weniger

Das Sprint Backlog enthält alles Notwendige zur Erreichung des Sprint Ziels. Das umfasst z. B. Analyse, Design, Entwicklung oder Test – alles was entsprechend der „Definition of Done" erforderlich ist.

Achte auf die Werte

Beim Abarbeiten des Sprint Backlog sind die agilen Werte von Selbstorganisation und Transparenz oft eine Herausforderung für die Teams. Die wirkliche Umsetzung dieser Werte ist der Schlüssel zu einem hoch performanten Team.

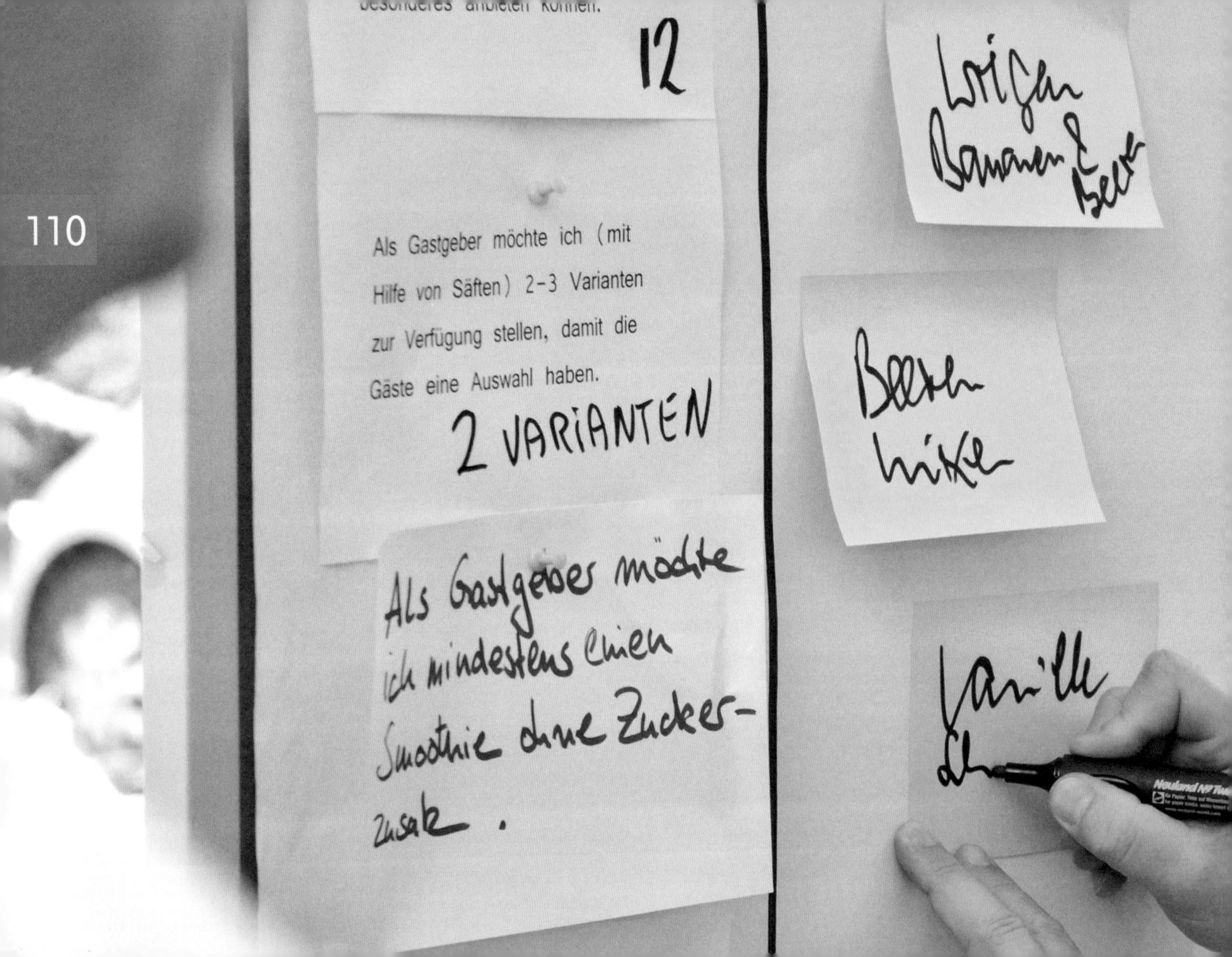

besonderes anbieten können.

12

Als Gastgeber möchte ich (mit Hilfe von Säften) 2–3 Varianten zur Verfügung stellen, damit die Gäste eine Auswahl haben.

2 VARIANTEN

Als Gastgeber möchte ich mindestens einen Smoothie ohne Zuckerzusatz.

Bananen & Beeren

Beeren Mix

Vanille

112 LANG- & KURZFRISTIGE PLANUNG IN SCRUM

Langfristige Planung

Das Product Backlog ist in Scrum die Basis für die langfristige Planung. Jeder Eintrag im Product Backlog wird geschätzt, so dass sich der Umfang des Releases oder auch des gesamten Produkts abschätzen lässt.

Typischerweise sind die am höchsten priorisierten Einträge im Product Backlog detailliert, haben einen eher kleinen geschätzen Umsetzungsaufwand und eine hohe Schätzgenauigkeit. Weitere Einträge sind häufig grob spezifiziert, haben eher einen größeren Umsetzungsaufwand und eine niedrige Schätzgenauigkeit. Diese Ungenauigkeit gibt die Unsicherheit wieder, die noch in einem Release bzw. einem Produkt steckt [» Seite 48]. Die Schätzung der Backlog Einträge ermöglicht eine Prognose, welches Budget für das Release oder Produkt geplant werden muss.

In Scrum ist das Product Backlog die oberste Ebene eines klassischen Projektstrukturplans. Scrum nutzt somit die Anforderungen als oberste Ebene der Planung. Das ist eine Vereinfachung gegenüber klassischen Plänen, in denen häufig Anforderungen und Pläne seperat verwaltet werden. Gleichzeitig wird eine direkte Verbindung zwischen Anforderungen und Arbeit erreicht, indem die kurzfristige Planung direkt an die Product Backlog Einträge und damit an die Anforderungen anknüpft.

Die langfristige Planung wird in Scrum typischerweise mit einem Release Burndown verfolgt [» Seite 148]. Zusammen mit der Velocity [» Seite 144] können mit Hilfe des Release Burndowns der Produktfortschritt verfolgt sowie Termin- und Umfangsprognosen gestaltet werden [» Seite 150].

Kurzfristige Planung

Das Sprint Backlog ist in Scrum die kurzfristige Planung, die jeweils am Anfang eines Sprints erstellt und während des Sprints aktuell gehalten wird. Ausgangspunkt der kurzfristigen Planung sind die für den Sprint ausgewählten Product Backlog Einträge. Für diese Einträge plant das Team alle Aufgaben, die nötig sind, um den jeweiligen Product Backlog Eintrag umzusetzen.

In Scrum ist das Sprint Backlog die Aufgabenebene eines klassischen Plans. Typischerweise nutzen Scrum-Projekte hierfür visuelle Techniken (z. B. Karten an Magnetwänden), um eine hilfreiche aktuelle Planung so einfach wie möglich zu machen und gleichzeitig Transparenz für Alle zu erreichen. Die kurzfristige Planung wird in Scrum meist mit einem Sprint Burndown verfolgt [» Seite 142].

Vermeidung einer Lagerhaltung von Plänen und von Verschwendung

Scrum verzichtet bewusst auf die Erstellung von detaillierten Plänen für kommende Sprints. Die detaillierten Pläne für jeden Sprint werden vielmehr „Just in Time" am Anfang eines Sprints erstellt. Da sich die Anforderungen späterer Sprints noch ändern können (und bei Unsicherheit auch ändern werden), würden sich auch die detaillierten Pläne ändern. Ihre Erstellung ist also „Lagerhaltung" von Plänen, die sich sowieso ändern. Im Lean Denken ist dies Verschwendung. Scrum als ein Lean Framework verzichtet daher bewusst auf die detaillierte Planung zukünftiger Sprints.

Scrum investiert die Zeit in eine aktuelle Planung. Viele Projekte, die die gesamte Produktentwicklung im Detail ausplanen, können diese Detailpläne häufig nicht tagesaktuell (oder sogar gar nicht) aufrecht erhalten. So verlieren diese Pläne an Nutzen. Statt dessen fokussiert sich Scrum auf die beiden wesentlichen Teile des Plans (langfristige Produktplanung mit den Anforderungen, kurzfristige Planung nur für den aktuellen Sprint). Der Nutzen einer fokussierten aktuellen Planung ist weit höher als der Nutzen einer detaillierten aber nicht aktuellen Planung. Daher setzt Scrum eine fokussierte Planung mit dem Product Backlog und dem Sprint Backlog um.

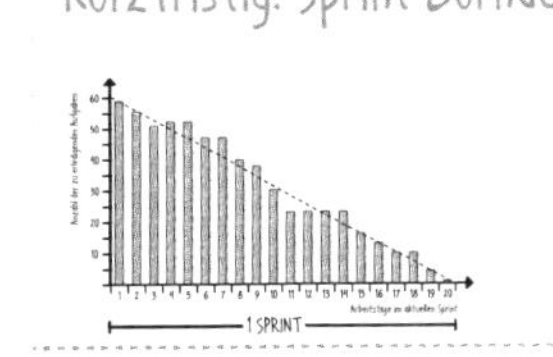

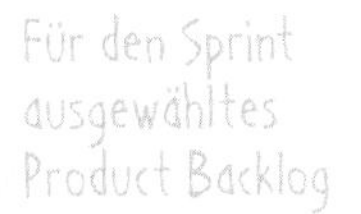

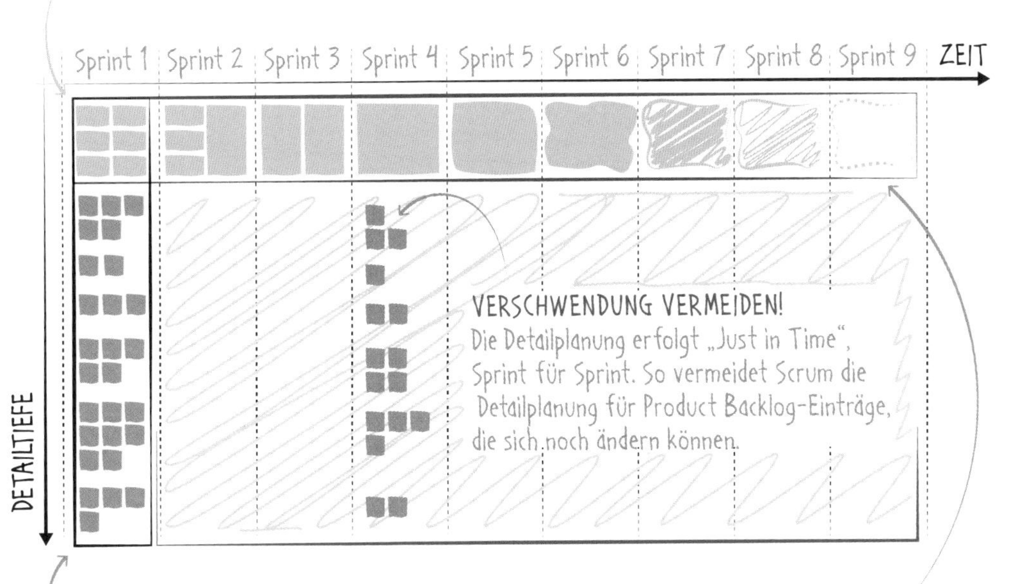

INKREMENT

Das Inkrement ist die Summe aller Product Backlog Einträge, die während des aktuellen Sprints fertig gestellt wurden. Am Ende eines Sprints muss das neue Inkrement in nutzbarem Zustand sein und der „Definition of Done" entsprechen.

Das Scrum Team liefert nach jedem Sprint nutzbare Inkremente. „Nutzbar" ist wichtig, weil Einträge Schritt für Schritt beendet und Werte so früh wie möglich geliefert werden. Ebenso ermöglicht dies im Sprint Review eine Prüfung des aktuellen Produkts mit fundiertem Feedback. Die „Definition of Done" enthält Kriterien, die spezifizieren was „nutzbar" bedeutet. Wenn alles gut funktioniert und das Entwicklungsteam gut geschätzt hat, enthält das Inkrement alle Einträge wie im Sprint Backlog geplant.

Während ein Inkrement immer nutzbar ist, ist es nur potentiell lieferbar. Es wird – je nach Einsatzbereich – viele Inkremente geben, die der Product Owner nicht ausliefern wird.

Beispiel Inkrement: Lauffähige Software
In der Software-Entwicklung besteht ein Inkrement aus sorgfältig getestetem Code, aus dem eine ausführbare Datei erstellt wurde, sowie der zugehörigen Dokumentation.

Beispiel Inkrement: Verändertes Verhalten
In einem Veränderungsprogramm besteht ein Inkrement aus geändertem Verhalten und geänderten Organisationsstrukturen, deren Beurteilung sowie aktualisierter Dokumentation der Organisation.

Beispiel Inkrement: Künstlerische Darbietungen
In einer Musicalproduktion liefert ein Sprint einen kompletten Durchlauf des Stücks. Mit jedem Inkrement werden weitere Merkmale der Aufführung ergänzt. Allgemein bekannte Inkremente sind z. B. Generalprobe und Preview.

Checkliste

- Am Sprint-Ende geliefert
- Aktuell fertiggestellter Teil des Produktes
- Potentiell lieferbar (erfüllt alle Anforderungen für die Lieferung an einen externen Stakeholder oder Kunden)

SPRINT ZIEL

Das Sprint Ziel definiert den Nutzen, der durch das Inkrement im nächsten Sprint geliefert werden soll. Das Sprint Ziel ist die übergeordnete Vision des Sprints und mehr als die Summe der Teile.

Es ist unveränderlich und dient als Orientierung für das Entwicklungsteam. Damit fokussiert das Sprint Ziel das Team und gleichzeitig gibt es ihm die Möglichkeit, die Product Backlog Einträge im Sprint im Sinne des Sprint Ziels anzupassen. Das Sprint Ziel wird typischerweise durch Umsetzung der prognostizierten Product Backlog Einträge erreicht.

118

DEFINITION OF DONE

Die „Definition of Done“ (DoD) ist ein gemeinsames Verständnis des Scrum Teams, unter welchen Bedingungen eine Arbeit als „Fertig“ bezeichnet werden kann. Sie enthält für gewöhnlich überprüfbare Qualitätskriterien, Einschränkungen und nichtfunktionale Anforderungen [» Seite 180].

Die Anforderungen der DoD gelten für alle Product Backlog Einträge eines Sprints.

Die DoD wird jeden Sprint überprüft und kann je Sprint unterschiedlich sein. Mit zunehmender Erfahrung des Scrum Teams entwickelt sie sich typischerweise weiter. Sie enthält dann strengere Kriterien für höhere Qualität.

Checkliste

Die „Definition of Done“

- ist sichtbar für das gesamte Team,
- ist allgemeingültig für alle Product Backlog Einträge und
- wurde von Product Owner und Entwicklungsteam akzeptiert.
- Nur Backlog Einträge, die am Ende des Sprints die Kriterien der DoD erfüllen, gelten als „Fertig“.

Akzeptanzkriterien eines Product Backlog Eintrags und die „Definition of Done“ haben eine ähnliche Funktion, werden aber unterschiedlich verwendet:

Akzeptanzkriterien sind spezifisch für einen einzigen Eintrag im Product Backlog. Sie definieren für diesen Eintrag die Kriterien, an denen man erkennt, dass das Feature „richtig“ umgesetzt wurde.

Die „Definition of Done“ definiert die Kriterien, die für alle Product Backlog Einträge eines Sprints gemeinsam gelten. Tauchen Akzeptanzkriterien in jedem Product Backlog Eintrag auf, ist es ggf. sinnvoll, sie in die „Definition of Done“ zu übernehmen.

HILFREICHE TECHNIKEN FÜR SCRUM-PROJEKTE

Scrum ist ein Rahmenwerk
innerhalb dessen verschiedene
Prozesse und Techniken
zum Einsatz kommen.
Wir stellen Ihnen die bewährtesten Techniken vor.

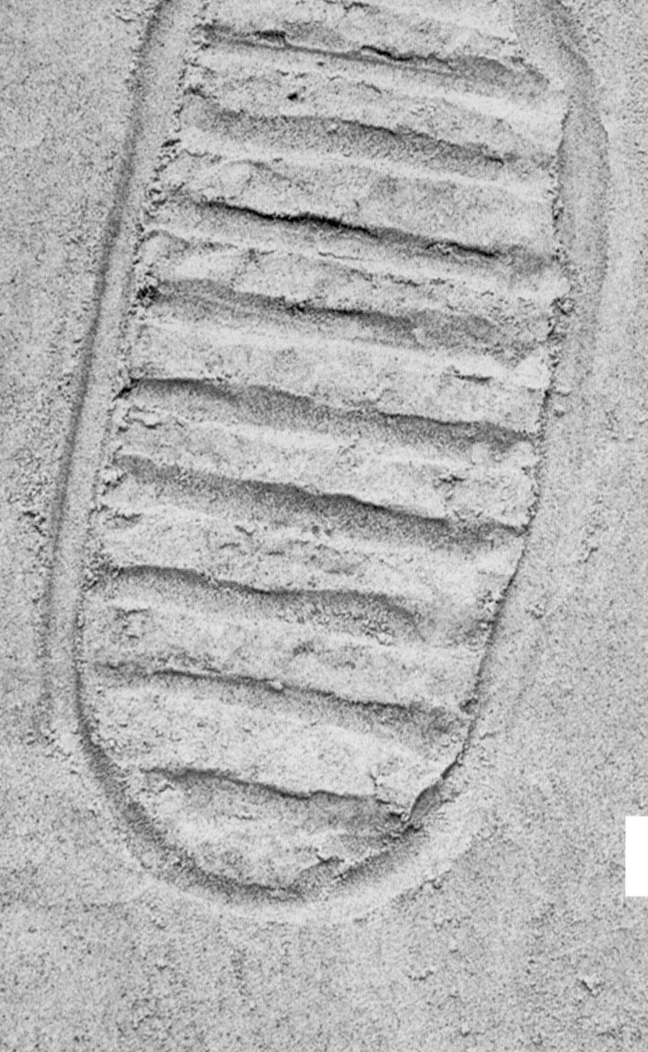

„Ich glaube, dass dieses Land
sich dem Ziel verschreiben sollte, noch vor Ende
dieser Dekade einen Mann auf dem Mond
zu landen und ihn sicher
zur Erde zurück zu bringen."

John F. Kennedy

Eine Produktvision beantwortet die Fragen:

- Wer sind die **Zielkunden**?
- Wie sind die **Kundenbedürfnisse**?
- Welche sind die kritischen **Produkteigenschaften**?
- Gibt es schon **ähnliche Produkte** auf dem Markt?
- Wie ist der gesteckte **Zeitrahmen**?
- Wie hoch ist das **Budget**?

Die Produktvision ist ein Satz, der das Fernziel des Projektes definiert. Sie gibt die grobe Marschrichtung vor und dem Team Orientierung. Sie ist das übergreifende Ziel, das Alle teilen – Product Owner, Scrum Master, Entwicklungsteam, Management, Kunden und andere Beteiligte. Produktvision und Product Backlog sind die beiden wichtigsten Dinge, die für den Start eines Scrum-Projektes notwendig sind.

Der Elevator-Pitch ist eine bewährte Technik, um eine Produktvision prägnant zu formulieren. Der Name kommt daher, dass es möglich sein soll, einem Kollegen während der kurzen Zeit einer Aufzugsfahrt die Produktvision zu vermitteln.

Der Elevator Pitch besteht aus zwei Sätzen:

Für <Zielgruppe> mit dem <Bedürfnis> bieten wir <Produktname> mit den <Eigenschaften>.

Im Gegensatz zu <Konkurrenz> bietet unser Produkt <einmalige Eigenschaft>.

PRODUKTVISION WAND

Die Produktvision kann das Team in Form eines „Canvas“ erarbeiten. Der Vorteil ist dabei, dass das Team gemeinsam die einzelnen Aspekte der Produktvision betrachtet.

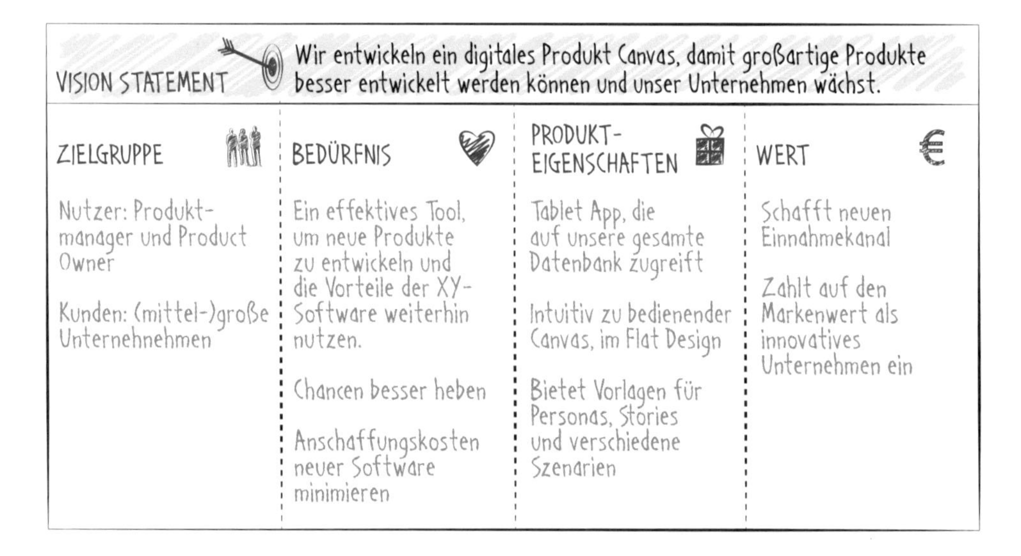

Zuerst führt das Team ein Brainstorming durch und jeder trägt Ideen zu den Aspekten der Produktvision in das Canvas ein. So denkt das Team zunächst ohne Schranken und fasst dann die Ideen in jeder Spalte prägnant zusammen. Anschließend wird die Vision in ein bis zwei Sätzen (z. B. in Form eines Elevator Pitch) formuliert. Am besten hängt die Wand mit der Produktvision neben dem Product Backlog im Teamraum, damit sie immer für alle transparent und sichtbar ist.

Hinweis: diese Form des Product Canvas ist von Roman Pichler geprägt worden (siehe das Buch „Agiles Produktmanagement mit Scrum“). Einen detaillierten Canvas, um das komplette Geschäftsmodell für das Produkt zu gestalten, findet sich im Buch „Business Model Generation: Ein Handbuch für Visionäre, Spielveränderer und Herausforderer“ von Alexander Osterwalder und Yves Pigneur.

Detaillieren der Produktvision und das erste Product Backlog

Es gibt eine ganze Reihe von Techniken, um die Produktvision besser zu verstehen und um dann daraus Produktanforderungen zu entwicklen.

Hier möchten wir Ihnen drei Techniken vorstellen, die dabei, helfen, sich das Produkt und seine Nutzung vorzustellen. Die konkrete Vorstellung schärft die Produkteigenschaften. Auf dieser Basis kann das Team anschließend die wichtigsten Produkteigenschaften formulieren und das initiale Product Backlog erstellen:

1. Produktpräsentation

Die Produktpräsentation dient der Visualisierung des Produkts oder der Produkteigenschaften. Eine solche Präsentation hilft dem Team, an Hand einer konkreten Situation das Produkt und seine Eigenschaften zu klären. Die Visualisierung, Gestaltung und Diskussion führt zu einer weiteren Klärung der Produktvision.

Für die Produktpräsentation gibt es vielfältige Möglichkeiten:

- Gestaltung einer Produktverpackung: „Wie würde eine Verpackung aussehen, die die Kunden attraktiv finden? Welche Eigenschaften müssen auf der Verpackung stehen? Wie stellen wir das Produkt dar?“
- Gestaltung eines Produktvideos, z. B. für Kickstarter: „Wie stellen Sie das Produkt möglichen Crowd-Investoren vor, damit diese in Ihr Produkt investieren?“
- Gestaltung eines Produktstandes

2. Sechs Denkhüte

Die sechs Denkhüte sind eine von Edward de Bono vorgestellte Kreativitätstechnik. Jeder im Team setzt sich einen der sechs Hüte auf und betrachtet das Produkt aus der Perspektive des jeweiligen Huts.

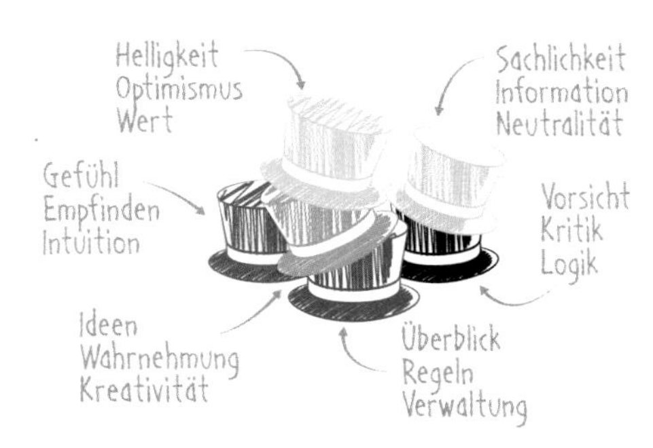

Die Antworten und Gedanken der sechs Personen werden erfasst, beispielsweise mit Karten oder als Mindmap an einer beschreibbaren Wand).

3. Berichte aus der Zukunft

Die Berichte aus der Zukunft dienen dazu, sich mental in die Zukunft zu versetzen und sich vorzustellen, dass es das Produkt schon gäbe. Aus der Zukunft heraus berichtet das Team vom Produkt. So kann z. B. eine Person ein Gespräch „mitschreiben“, das ein begeisterter Anwender mit seinem Freund in der Bahn führt. Oder ein anderes Teammitglied gibt den Artikel wieder, den der Spiegel über das Produkt veröffentlicht hat.

Erstes Product Backlog. Erstes Release.

Nachdem die Produktvision mit Hilfe der obigen Techniken ausgestaltet und das Bild vom Produkt und seiner Nutzung ausgearbeitet wurde, kann das Team meist problemlos das initiale Produkt Backlog aufstellen. Dazu führt das Team ein Brainstorming der Eigenschaften durch und konsolidiert anschließend das Ergebnis im Form von User Stories. Aus diesem Product Backlog wird das erste Release geschnitten. Dieses Release sollte ein Minimal Viable Product (MVP) sein – also das kleinstmögliche Produkt, das die Anwender nutzen würden.

Für das erste Release werden dann die ersten User Stories für den ersten Sprint entwickelt. Mehr braucht es nicht, um den ersten Sprint zu beginnen – denn während das Team mit der Umsetzung beginnt, bleibt dem Product Owner ein ganzer Sprint Zeit, die Product Backlog Einträge zu detaillieren und die Anforderungen für den nächsten Sprint vorzubereiten.

IDEEN

40

20

13

100

RELEASE

1. 1
2. 13
3. 8
4. 20
5. 13
6. 2
7. 5
8. 13
9. 8
10. 8
11. 20

READY

1. 1
2. 2
3. 1
4. 5
5. 2

PERSONAS

FRANK, DER CONTROLLER

Für die Gestaltung der Product Backlog Wand gibt es keine starren Regeln. Auch hier gilt „Inspizieren und Anpassen", um die Product Backlog Wand so zu gestalten, wie es für das jeweilige Scrum Team sinnvoll ist.

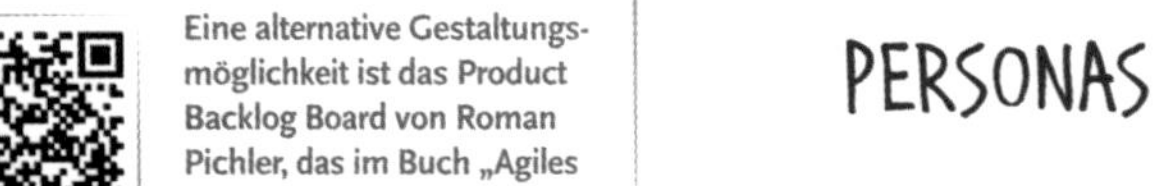

Eine alternative Gestaltungsmöglichkeit ist das Product Backlog Board von Roman Pichler, das im Buch „Agiles Produktmanagement mit Scrum" beschrieben ist.

PRODUCT BACKLOG WAND

Die Product Backlog Wand (auch „Product Board“ oder „Product Canvas“) ist eine Technik, um das Product Backlog zu visualisieren.

Typischerweise ist die Product Backlog Wand in mehrere Bereiche aufgeteilt:

Ganz links am Anfang der Product Backlog Wand finden sich die Product Backlog Einträge, die Anforderungen für spätere Releases sind. Häufig sind diese Einträge noch sehr grob spezifiziert und eher im Status von Ideen als in der Form präziser Anforderungen. Dies sind wichtige Eigenschaften, z.B. aus der Produktvision oder der Product Roadmap.

In der Mitte von der Wand finden sich die Product Backlog Einträge vom aktuellen Release. Diese Einträge sind geschätzt, aber häufig noch grob spezifiziert und müssen weiter detailliert werden.

In der rechten Spalte finden sich die detaillierten Product Backlog Einträge, die der „Definition of Ready“ [» Seite 138] entsprechen, und bereit für die nächste Sprint Planung sind.

Der Product Owner und das Team entwickeln und detaillieren das Product Backlog von links nach rechts. Rechts müssen immer genug Einträge für den nächsten Sprint stehen. In der Mitte sollten alle Einträge für das aktuelle Release stehen. Diese werden schrittweise detailliert, so dass immer genug Einträge für die nächste Sprint Planung bereit sind. Die linke Spalte nutzt das Scrum Team, um daraus die Product Backlog Einträge für das nächste Release zu detaillieren.

Gegebenenfalls ist es sinnvoll, die Anwender des Produkts im Auge zu behalten. In diesem Fall kann die Product Backlog-Wand durch eine Zeile mit den Personas ergänzt werden. Personas sind Beschreibungen typischer Anwender des Produkts, um die Zielgruppen greifbarer zu machen. Eine Persona steht stellvertretend für eine Zielgruppe und personifiziert sie.

„User Stories ersetzen das Gespräch zwischen Product Owner und Team nicht, sondern dokumentieren dessen Ergebnis.“

Mike Cohn (2004)

USER STORY

User Stories folgen im Allgemeinen diesem Muster:
„Als **NUTZER** will ich **ZIEL/WUNSCH** damit **NUTZEN**."

User Story ist eine Technik zur Beschreibung von Anforderungen aus der Perspektive eines Benutzers, unter Verwendung von Alltagssprache. In Scrum werden User Stories als Product Backlog Einträge verwendet.

Das Verfassen von User Stories liegt in der Verantwortung des Product Owners.

Eine User Story beschreibt, was der Benutzer erreichen will und warum. [» Beispiel auf Seite 139]

Eine User Story sollte kurz und präzise sein und auf eine kleine Karteikarte passen. User Stories sind ein einfacher und hilfreicher Weg, mit Anforderungen von Kunden umzugehen. Dabei kann es sich nicht nur um Produkt- oder Dienstleistungsanforderungen handeln, sondern auch um Lieferobjekte und nichtfunktionale Anforderungen. Das Ziel von User Stories ist es, die Anforderungen zu erfassen und sie schrittweise zu verfeinern und aufzuschlüsseln.

Gute User Stories enthalten Anforderungen, die sich durch die INVEST-Kriterien überprüfen lassen:

[I] ndependent
Eine User Story ist unabhängig von anderen User Stories. Eine User Story sollte möglichst nicht davon abhängen, dass zuerst eine andere User Story umgesetzt werden muss.

[N] egotiable
User Stories sind kein in Stein gemeißeltes Gesetz. Kunden und Entwickler besprechen und präzisieren (verhandeln) sie gemeinsam.

[V] aluable
Die User Stories sollten einen erkennbaren Nutzen liefern. Beinhaltet eine User Story keinen klaren Mehrwert, so muss sie entweder umformuliert oder gestrichen werden.

[E] stimable
Das Entwicklungsteam muss die Arbeitsaufwände für jede User Story schätzen können. Dazu muss die User Story klar und verständlich formuliert sein.

[S] mall
Die User Stories sollten möglichst kurz gehalten werden. Als grobe Regel gilt: Die komplette Umsetzung einer User Story soll mindestens einen halben Personentag und maximal zehn Personentage erfordern.

[T] estable
Die User Stories sollten testbar sein. Tests bilden den Maßstab ob eine User Story erfolgreich abgeschlossen wurde.

KANO-ANALYSE

Wie zufrieden sind Sie wenn das Produkt die Eigenschaft NICHT HAT?

Wie zufrieden sind Sie wenn das Produkt die Eigenschaft HAT?	„Damit bin ich zufrieden"	„Setze ich voraus."	„Das ist mir egal."	„Damit kann ich leben."	„Damit bin ich unzufrieden."
„Damit bin ich zufrieden"	?	Begeisterungs-eigenschaft	Begeisterungs-eigenschaft	Begeisterungs-eigenschaft	Unterscheidungs-eigenschaft
„Setze ich voraus."	Fehlen ist Muss-Eigenschaft				Muss-Eigenschaft
„Das ist mir egal."	Fehlen ist Muss-Eigenschaft		Indifferent		Muss-Eigenschaft
„Damit kann ich leben."	Fehlen ist Muss-Eigenschaft				Muss-Eigenschaft
„Damit bin ich unzufrieden."	Fehlen ist Unterscheidungs-eigenschaft	Fehlen ist Begeisterungs-eigenschaft	Fehlen ist Begeisterungs-eigenschaft	Fehlen ist Begeisterungs-eigenschaft	?

Für ein erfolgreiches Produkt müssen alle selbstverständlichen Eigenschaften und sollten so viele Unterscheidungs-eigenschaften wie möglich sowie eine Begeisterungseigenschaft umgesetzt sein.

Das Kano-Modell ist ein Modell zur Priorisierung von Kundenwünschen. Die Analyse hilft dem Product Owner, den Wert zu erfassen, den Anwender den Anforderungen beimessen. Mit den Antworten können notwendige, wertbringende und begeisternde Eigenschaften unterschieden werden.

Die Kano-Analyse ist eine Technik, mit der Product Owner den Wert von Eigenschaften einschätzen können. Sie beantwortet die Frage: ist eine Eigenschaft des Produkts aus Sicht der Anwender bzw. Kunden eine Muss-, eine Unterscheidungs- oder eine Begeisterungseigenschaft? Dieses Wissen hilft dem Product Owner, die Anforderungen im Product Backlog richtig zu priorisieren.

Die Faustregel ist: Ein Produkt muss **alle selbstverständlichen Eigenschaften (Muss-Eigenschaften)** haben. Diese haben einen hohen ROI, weil ohne sie das Produkt aus Sicht der Anwender unbrauchbar ist.

Dann sollte ein Produkt so **viele Unterscheidungseigenschaften** haben, dass das Produkt für den Kunden attraktiver ist als Konkurrenzprodukte. Je mehr Unterscheidungseigenschaften ein Produkt hat, um so attraktiver ist es für den Kunden und um so mehr ist er bereit dafür zu zahlen. Wir nennen diese Eigenschaften daher auch „wertbringende Eigenschaften", weil jede einzelne von ihnen den Wert des Produkts steigert.

Schließlich sollte das Produkt **genau eine Begeisterungseigenschaft** haben. Mehr wäre Verschwendung. Alle weiteren Begeisterungseigenschaften werden für spätere Releases in der Hinterhand gehalten, um der Konkurrenz immer eine Nasenlänge voraus zu sein.

Um zwischen Muss-, Unterscheidungs- und Begeisterungseigenschaften zu unterscheiden werden in der Kano-Analyse dem Anwender bzw. Kunden zu jeder Eigenschaft zwei Fragen gestellt:

- Wie zufrieden sind Sie, wenn das Produkt die Eigenschaft **hat**?
- Wie zufrieden sind Sie, wenn das Produkt die Eigenschaft **nicht hat**?

Diese Fragen beantwortet der Kunde auf einer Skala von „Zufrieden" über „Das setze ich voraus", „Das ist mir egal" und „Damit kann ich leben" bis hin zu „Unzufrieden".

Muss-Eigenschaften sind diejenigen, bei denen der Kunde unzufrieden ist, wenn sie fehlen, die allein ihn aber nicht zufriedenstellen. Unterscheidungseigenschaften sind diejenigen, die den Kunden zufriedenstellen, und deren Fehlen ihn unzufrieden macht. Begeisterungseigenschaften sind diejenigen, die er nicht erwartet, die ihn aber zufriedenstellen, wenn sie vorhanden sind. Bei der Kano-Analyse wird also eine Befragung von Anwendern (bzw. Kunden) durchgeführt, durch die eine Einordnung der Produktfeatures in die drei Kategorien möglich ist.

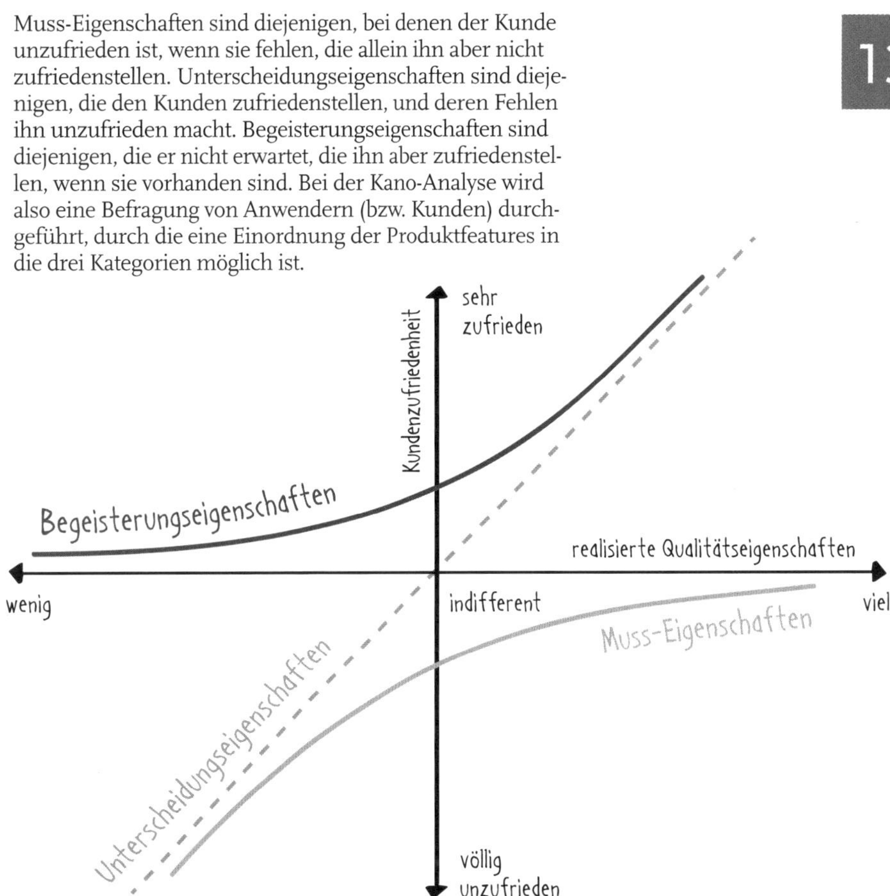

PLANNING POKER

Planning Poker ist eine auf Konsens basierende Technik zur Aufwandsschätzung. Das Scrum Team schätzt die relative Größe der Product Backlog Einträge. Planning Poker ermöglicht verlässliche Schätzungen, weil das Team ein gemeinsames Verständnis über zu schätzende Größen erlangt.

Planning Poker ist eine Variante der Wideband Delphi-Methode mit der die Wirtschaftweisen jährlich zu ihrer gemeinsamen Einschätzung der Konjunktur kommen.

Das Planning Poker Kartenset hat folgende Werte: 0, 0.5, 1, 2, 3, 5, 8, 13, 20, 40, 100, ein Fragezeichen (wenn man das Gefühl hat nicht genug Informationen zu haben um schätzen zu können) und eine Kaffeepausen-Karte (wenn man eine Pause vom Schätzen braucht).

In der Schätzung werden ausschließlich diese Werte verwendet, damit sich die Diskussion auf die relevanten Werte konzentriert. Die anderen Werte sind auf Grund der Schätzvarianz überflüssig.

Planning Poker führt relativ schnell zu abgestimmten und guten Schätzwerten. Wie es noch schneller geht lesen Sie bei Magic Estimation auf Seite 136.

Im Verhältnis zur Magic Estimation bietet Planning Poker den Vorteil, dass Fragen gestellt und gemeinsam beantwortet, Meinungen ausgetauscht und Entscheidungen als Team getroffen werden können. Insgesamt sind die Schätzungen dadurch repräsentativer als bei der schnellen Magic Estimation.

Beim Planning Poker werden ein Planning Poker-Kartenset für jeden Teilnehmer und eine Liste mit zu schätzenden Größen (wie zum Beispiel User Stories) benötigt. Das Entwicklungsteam schätzt die Einträge im Product Backlog. Der Product Owner stellt die Einträge vor. Der Scrum Master moderiert den Prozess.

Es hat sich bewährt, den Umsetzungsaufwand der Einträge relativ zueinander zu schätzen, weil diese Größen unabhängig von individuellen Einflussfaktoren wie z. B. Entwicklungsfähigkeiten einer Person sind.

Für die relative Schätzung wird ein „kleiner" Referenzeintrag festgelegt, der die Größe 1 bekommt („Urmeter"). Diese Einheit nennt man häufig „Story Point". Alle anderen Einträge werden relativ dazu geschätzt (zum Beispiel: „Eintrag XYZ ist doppelt so aufwändig umzusetzen wie der Referenzeintrag").

Zur Schätzung der weiteren Einträge geht das Entwicklungsteam wie folgt vor: Der Product Owner stellt jeweils einen Eintrag aus dem Product Backlog im Detail vor und beantwortet alle wichtigen Verständnisfragen. Dann schätzt jedes Teammitglied, wie viel Aufwand der vorgestellte Eintrag im Vergleich zum Referenzeintrag hat. Dazu wählt jeder für sich verdeckt die Karte mit dem entsprechenden Schätzwert. Wenn alle ihren Schätzwert gewählt haben, werden die Karten gleichzeitig umgedreht.

Liegt kein Konsens vor, d. h. wenn nicht alle denselben Kartenwert gewählt haben, erklären die beiden Teammitglieder, deren Schätzwerte am weitesten auseinander liegen, warum sie den jeweiligen Wert gewählt haben. Das Team diskutiert darüber und es folgt eine weitere Schätzrunde. Kann sich das Team nicht auf einen Wert einigen, ist das häufig ein Indikator dafür, dass die User Story unklar formuliert ist. Dann kann sich das Team beispielsweise auf den höchsten Schätzwert einigen oder entscheiden, die User Story aus der Schätzrunde zu nehmen und zu präzisieren.

MAGIC ESTIMATION

Eine effektive Alternative zum klassischen Planning Poker ist Magic Estimation. Grundsätzlich kann diese Technik auch als „Vorarbeit" zum späteren Pokern genutzt werden. Auch hier wird relativ geschätzt und die Skala 0–100 verwendet. Der Unterschied besteht darin, dass die zu schätzenden Einträge parallel geschätzt werden und nicht nacheinander wie beim Planning Poker.

Die Vorteile des magischen Schätzens sind eindeutig die Schnelligkeit, die non-verbale Kommunikation und die Subjektivität mit der jedes Teammitglied auf den Prozess blicken darf. Dem Product Owner gibt das Ergebnis einen guten Überblick, welchen Komplexitätsgrad seine eingereichten Stories haben und an welchen er noch weiter arbeiten muss, damit das Entwicklungsteam sie in einem Sprint bearbeiten kann.

Vorteile der Magic Estimation:
- Große Masse an Stories leicht schätzbar
- Schnelligkeit
- Non-verbale Kommunikation
- Subjektives Einschätzen jedes Teammitglieds, ohne Beeinflussung von außen

Magic Estimation bietet sich vor allem an, wenn ein Team ein regelmäßiges und häufiges Product Backlog Refinement durchführt, dafür nur wenig Zeit aufwenden kann oder viele Stories auf einmal schätzen muss. Auch bei einer Scrum-Einführung ist Magic Estimation vor dem Start des allerersten Sprints nützlich, um Ordnung in eine Masse von Anforderungen zu bekommen.

Weiterführende Idee:
Bei einem zweiwöchigen Sprint mit zwei Product Backlog Refinements kann das erste „Vor-Refinement" in Form von einer schnellen Magic Estimation gestaltet werden. Das zweite Refinement bezieht sich dann direkter auf das spätere Planning und verwendet Planning Poker, als konsens-basierte Schätzmethode. Der Product Owner kann bis zum zweiten Refinement die Stories aus dem ersten überarbeiten.

Ablauf
Die zu schätzenden Stories werden ausgewählt und im Raum (z. B. auf einem Tisch) ausgebreitet. In einer Skala von 0 bis 100 werden die Planning Poker Karten auf dem Boden gelegt (dabei hilft es räumliche Distanz zwischen den Karten zu schaffen).

Gemeinsam schaut sich das Team die Stories an und liest alle Informationen und Anforderungen schweigend durch. Jedes Teammitglied darf nun Stories greifen und sie nach eigener Einschätzung der Komplexität und im Verhältnis zum „Urmeter" auf die Skala am Boden liegen. Schätzt Person X beispielsweise, dass Story 1 eine Komplexität von 5 hat, legt sie sie dort ab.

Wenn alle Stories auf der Skala verteilt wurden, schauen sich alle Teammitglieder das Ergebnis an. Erlaubt ist nun, dass alle Stories von jeder Person auf der Skala verschoben werden. Glaubt also Person Y, dass Story 1 eher die Komplexität von 8 anstatt 5 hat, legt sie diese auf der Skala bei 8 ab. Einige Stories werden dort bleiben, wo sie initial abgelegt wurden, andere werden sich bewegen. Der Scrum Master beobachtet den Prozess und notiert, welche Stories am häufigsten wandern (diese scheinen eine unsichere Komplexität zu haben).

Meist bewegen sich die Stories nach wenigen Minuten kaum noch und bleiben auf bestimmten Werten auf der Skala liegen. Der Scrum Master schreibt auf die Stories die geschätzten Komplexitäts-Grade und markiert die sehr Beweglichen mit einem Zeichen.

Der Product Owner hängt alle Stories in priorisierter Reihenfolge an die Wand und fokussiert mit dem Team auf die ersten fünf Stories. Für ihn ist hilfreich zu erkennen, welche Stories viel gewandert sind und welche Stories eine höhere Komplexität als beispielsweise 13 haben. An diesen kann er weiter arbeiten, sie verfeinern oder in kleinere Stories herunterbrechen.

138 DEFINITION OF READY

Die „Definition of Ready" (DoR) beschreibt, wann ein Product Backlog Eintrag bereit für den Sprint ist.

Jeff Sutherland stellte fest, dass die konsequente Anwendung von „Done" und „Ready" das Potential hat die Produktivität von Entwicklungsteams um den Faktor 4–8 zu erhöhen!

Die „Definition of Ready" ist eine Vereinbarung zwischen Entwicklungsteam und Product Owner. Verantwortlich für die Einhaltung der „Definition of Ready" ist der Product Owner. Er trägt dafür Sorge, dass die Product Backlog Einträge ausreichend im Product Backlog Refinement für die Sprint Planung vorbereitet wurden, so dass sie für den Sprint ausgewählt und in der Sprint Planung Zwei geplant werden können.

Die ultimative Prüfung von „Ready" ist, wenn das Entwicklungsteam zu einem Product Backlog Eintrag sagt: „Jawohl! Alles klar! Jetzt verstehen wir's!" – und das heißt nichts anderes als, dass das Team die User Story nun so umsetzen kann, dass sie „Done" wird.

Beispiele für Inhalte einer „Definition of Ready" sind:

Warum?

- Ist die Zielstellung klar?
- Ist der Beitrag des Product Backlog Eintrags zum Wert des Produktes verstanden?

Was?

- Ist das gewünschte Ergebnis verstanden?
- Sind die Akzeptanzkriterien formuliert?

Wie?

- Ist die Implentierungsstrategie/-konzept bekannt?
- Hat das Team den Eintrag geschätzt?
- Ist der Eintrag klein genug für einen Sprint?

„Als Leser möchte ich an dieser Stelle im Buch ein anschauliches Beispiel, damit ich schnell das Prinzip und den Nutzen guter User Stories verstehe."

AKZEPTANZKRITERIEN:

- max. zwei DIN A4-Seiten genutzt
- mit 5 Lesern getestet
- Kriterien „Klar", „Testbar" und „Machbar" erläutert
- Wer das liest, lächelt.

SCHÄTZUNG

2

KLAR

TESTBAR

MACHBAR

Die „Definition of Ready" beinhaltet mindestens folgende Kriterien:

Klar!
Product Owner und Entwicklungsteam haben ein gemeinsames Verständnis was ein Product Backlog Eintrag bedeutet. Es ist klar, warum die Eigenschaft benötigt wird, was gewünscht ist, und das Entwicklungsteam hat eine Vorstellung wie es umgesetzt werden kann.

Testbar!
Für den Product Backlog Eintrag gibt es Akzeptanzkriterien, an Hand derer getestet werden kann, ob die Funktionalität so umgesetzt wurde wie erwartet.

Machbar!
Ein Product Backlog Eintrag ist machbar, wenn er entsprechend der „Definition of Done" in einem Sprint vollständig umgesetzt werden kann. Dazu muss der Aufwand entsprechend klein sein. Um dies einschätzen zu können, sollte der Aufwand für die Umsetzung des Eintrags geschätzt sein.

SPRINTWAND

Die Sprintwand dient dazu, die Sprintplanung zu visualisieren.

Hierfür gibt es keine Vorgaben und viele Teams entwickeln ihre Wände mit der Zeit weiter. Auf dieser Seite finden Sie einige Gestaltungsvorschläge für Sprintwände. Eine Sprintwand ist typischerweise in mehrere Spalten aufgeteilt:

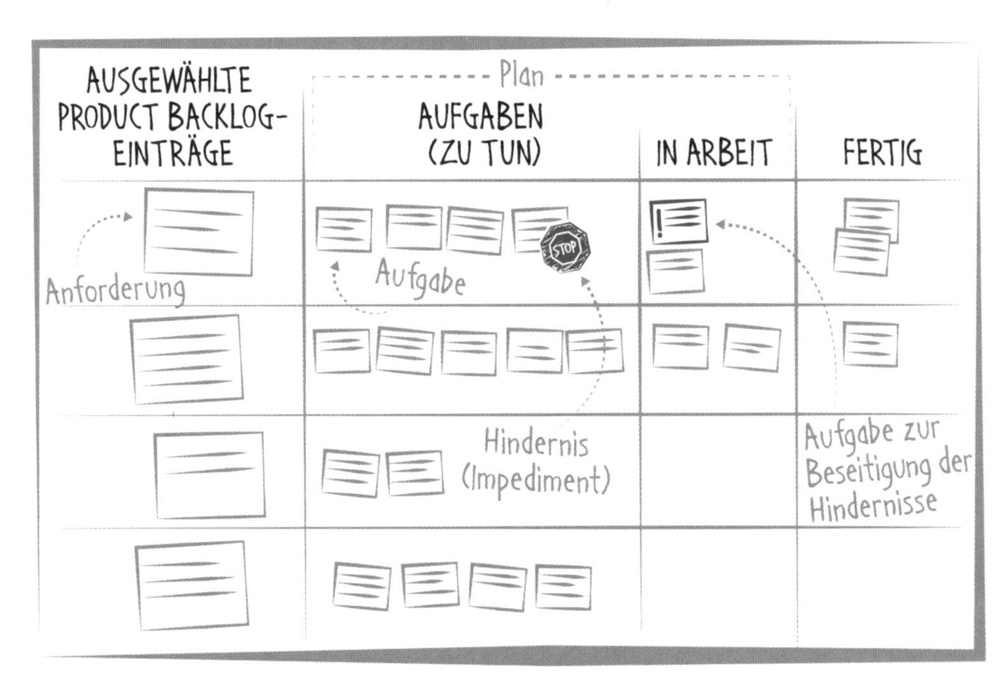

In der ersten Spalte stehen die Karten mit den Anforderungen aus dem Product Backlog, die das Entwicklungsteam für den aktuellen Sprint ausgewählt hat. Diese Spalte wird bei der Sprint Planung 1 gefüllt.

In der zweiten Spalte stehen die Karten mit den Aufgaben, die alle nötig sind, damit jede Anforderung umgesetzt und die „Definition of Done" erfüllt wird. Diese Spalte wird bei der Sprint Planung 2 gefüllt und dann aktuell gehalten.

In der dritten Spalte stehen die Karten mit den Aufgaben, die Mitglieder des Entwicklungsteams aktuell bearbeiten. Jede dieser Karten bekommt den Namen desjenigen, der die Aufgabe bearbeitet. So ist stets transparent, wer woran arbeitet. Immer dann, wenn jemand eine Aufgabe beginnt, hängt er die Karte in diese Spalte und schreibt seinen Namen darauf.

Die vierte Spalte enthält die Karten mit den fertigen Aufgaben. Immer dann, wenn jemand eine Aufgabe abschließt, hängt er die Karte in diese Spalte.

Jede Anforderung bildet eine Zeile, so dass klar erkennbar ist, welche Aufgaben zu welcher Anforderung gehören. Aufgaben, die keine Anforderung haben, sollten kritisch hinterfragt werden – häufig sind sie Verschwendung.

Eines nach dem anderen – One Piece Flow
Die Anforderungen sollten der Reihe nach bearbeitet werden. Aufgaben einer Anforderung werden erst dann begonnen, wenn die vorherige Anforderung fertig im Sinne der „Definition of Done" ist. Diese Umsetzung des Lean-Prinzips „One Piece Flow" bedeutet, dass die Arbeit an etwas Neuem erst dann begonnen wird, wenn die vorherige Aufgabe abgeschlossen ist. Damit wird die Arbeit fokussiert, unnötige parallele Arbeit vermieden und auf die Schaffung von Wert konzentriert. Häufig gelingt dies Teams nicht von Anfang an, da es vielseitige Fähigkeiten von Teammitgliedern erfordert. Dennoch sollten Teams den „One Piece Flow" als Ziel im Auge behalten.

Werkzeuge für die Planung
Es gibt viele Programme, die eine Planung mit Karten abbilden und es ermöglichen, die Wände virtuell zu gestalten. Solche Werkzeuge sind inbesondere für Teams sinnvoll, die verteilt arbeiten. Für die meisten anderen Teams hat es sich bewährt, die Wände tatsächlich physisch zu gestalten. Eine reale Wand bietet den besten Überblick, das Team kann sich zusammen davor stellen und miteinander planen, und das haptische Anfassen macht die Fragen vom Daily Scrum („Was habe ich gestern erledigt? Was erledige ich heute?") physisch sichtbar.

Typische Varianten, die Sprintwand zu gestalten:

- Neben der erste Spalte mit den Anforderungen wird eine weitere Spalte mit den Akzeptanzkriterien genutzt, damit diese wie die Anforderungen immer sichtbar sind.
- Statt einer „Fertig"-Spalte nutzen manche Teams einfach einen Mülleimer.
- Manche Teams hängen die Hindernisse und die Aufgaben zu deren Lösung in eine eigene Spalte.
- Statt Namen auf die Karten zu schreiben nutzen manche Teams Magnete mit den Gesichtern der Teammitglieder.

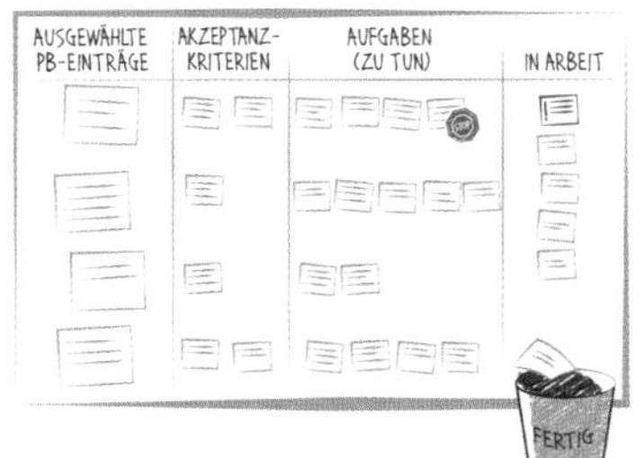

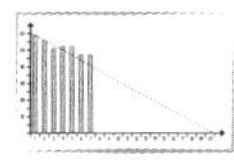

Unabhängig davon, wie das Sprint Burndown aussieht: auf alle Fälle sollte neben der Wand das Sprint Burndown Chart hängen, damit der Fortschritt oder die Blockade eines Teams sofort in jedem Daily sichtbar gemacht werden kann.

Übrigens: die Sprintwände mit den Spalten und den Karten sind einfache Kanban-Boards. Kanban ist auch eine Technik aus dem Lean Werkzeugkasten [» Seite 168].

SPRINT BURNDOWN

Ein Sprint Burndown gibt einen Überblick über den Fortschritt im aktuellen Sprint. Üblicherweise wird eine Sprint Burndown-Grafik verwendet. Diese lässt sich sehr einfach am Flipchart erstellen.

Das Entwicklungsteam erstellt das Sprint Burndown-Chart zu Beginn des Sprints. Auf der vertikalen Achse listet es die Arbeit auf, die im Sprint zu erledigen ist (z. B. die Anzahl der Aufgaben). Die horizontale Achse ist die Zeitschiene. Dort wird die Anzahl der Tage aufgeführt, die im Sprint für die Arbeit zur Verfügung stehen. Zieht man nun eine Linie zwischen der Arbeit im Sprint und der Zeit, erhält man die ideale Anzahl der Aufgaben, die an einem Tag zu erledigen ist.

Das Entwicklungsteam aktualisiert nun jeden Tag im Daily Scrum das Sprint Burndown. Dazu wird jeden Tag die noch zu erledigende Arbeit eingetragen. Man sieht nun auf einen Blick, ob das Team über oder unter der idealen Arbeitslinie ist und kann so entsprechend darauf reagieren.

Dauer
- 1 Minute für die tägliche Aktualisierung

Teilnehmer
- Entwicklungsteam und ggf. der Scrum Master als Moderator

Wann
- Daily Scrum
- Sprint Review

Ergebnis
- Aktueller Fortschritt im Sprint

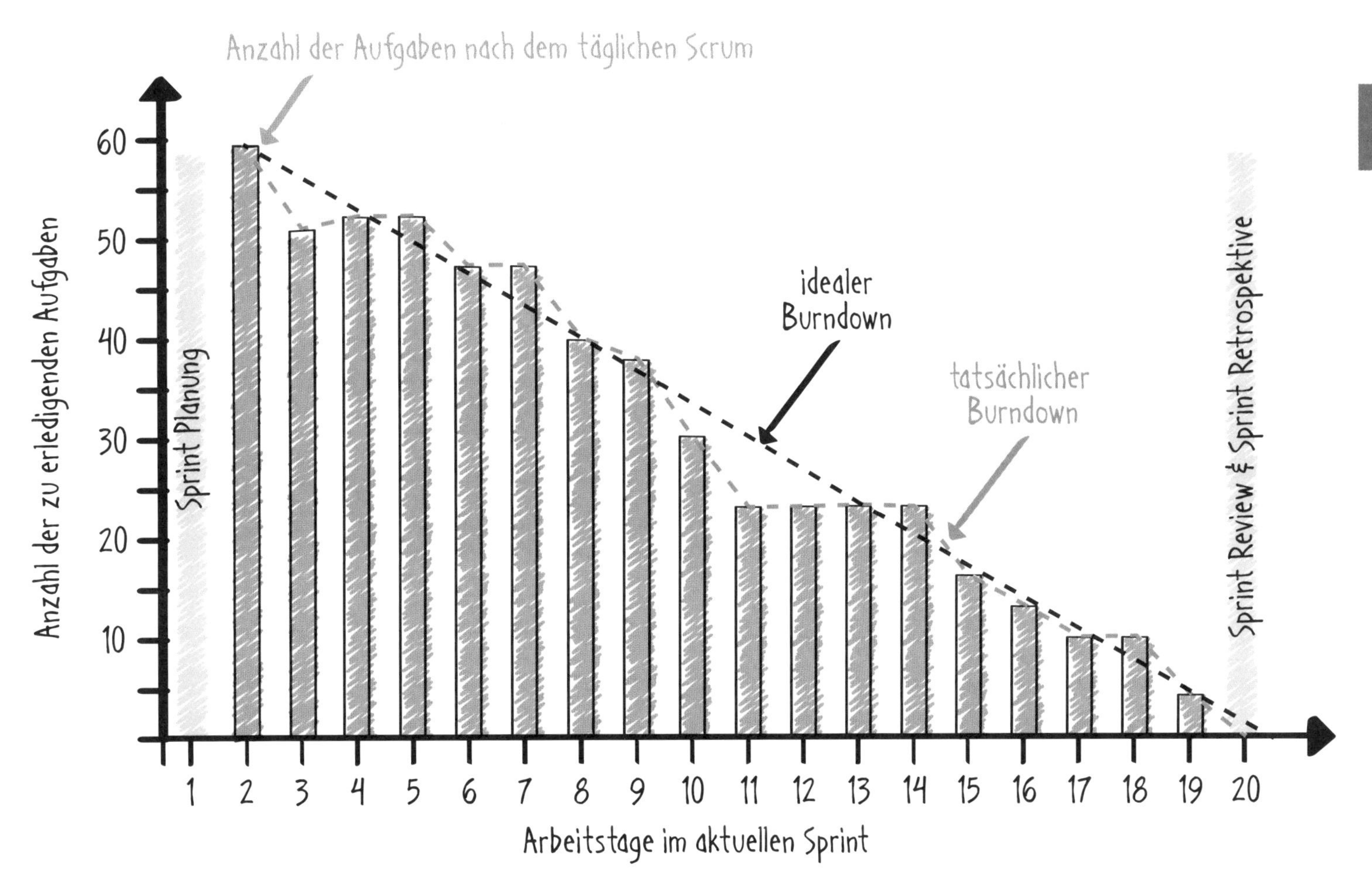
Anzahl der Aufgaben nach dem täglichen Scrum
Anzahl der zu erledigenden Aufgaben
60
50
40
30
20
10
Sprint Planung
idealer Burndown
tatsächlicher Burndown
Sprint Review & Sprint Retrospektive
1
2
3
4
5
6
7
8
9
10
11
12
13
14
15
16
17
18
19
20
Arbeitstage im aktuellen Sprint

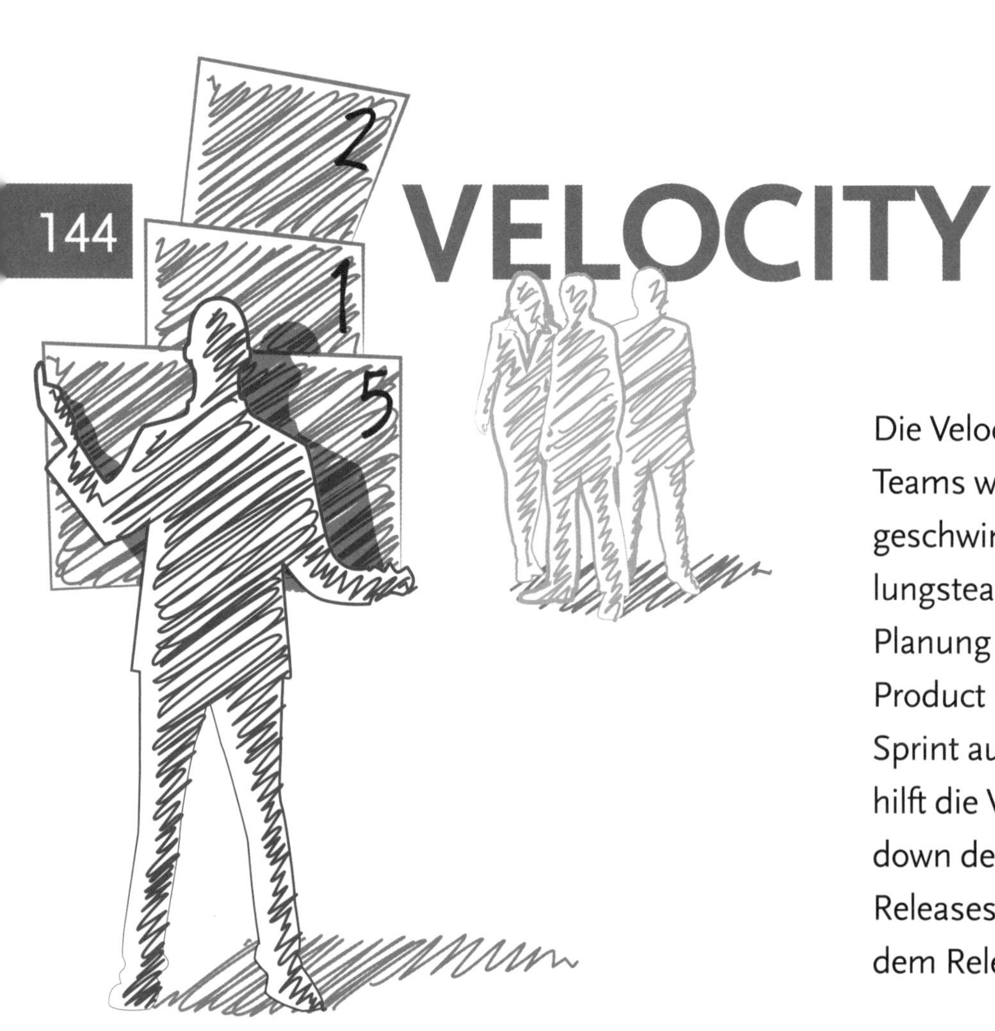

VELOCITY

Die Velocity (Geschwindigkeit) des Scrum Teams wird genutzt, um die Entwicklungsgeschwindigkeit zu verfolgen. Das Entwicklungsteam kann sie nutzen, um bei der Sprint Planung besser zu prognostizieren, wie viele Product Backlog Einträge es in den nächsten Sprint aufnehmen kann. Dem Product Owner hilft die Velocity dabei, mittels Release Burndown den Releasetermin oder Umfang eines Releases zu prognostizieren [» „Prognosen mit dem Release Burndown“ auf Seite 150].

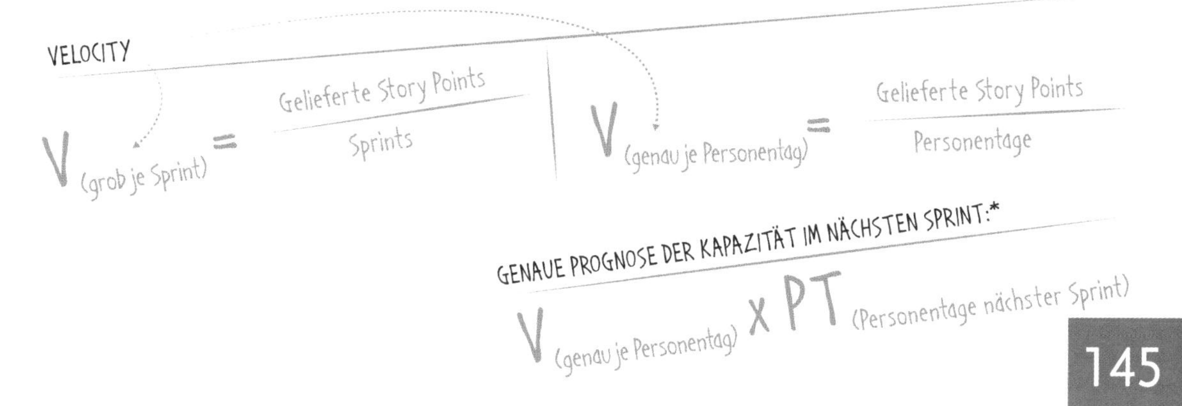

Die Velocity kann sowohl grob pro Sprint als auch genau pro Personentag bestimmt werden.

Bei der groben Bestimmung der Velocity wird die durchschnittliche Anzahl an Story Points, die ein Team in den letzten Sprints erreicht hat, berechnet. Hierzu wird die Anzahl der bisher umgesetzten Story Points durch die Anzahl der Sprints geteilt. Gegebenenfalls ist auch eine fortlaufende Berechnung der Velocity sinnvoll, bei der die Summe der Story Points, z. B. der letzten drei Sprints, genommen und dann durch drei geteilt wird.

Bei der exakten Analyse der Velocity wird die durchschnittliche Anzahl an Story Points je Personentag berechnet.

Hierzu wird die Anzahl der bisher umgesetzten Story Points durch die Anzahl der Personentage, die das Team geleistet hat, geteilt. Diese genauere Berechnung der Velocity ist dann sinnvoll, wenn z. B. Urlaubs- oder Fehltage in der Berechnung der Velocity berücksichtigt werden sollen. Auch bei der genauen Aufstellung der Velocity kann eine gleitende Berechnung durchführt werden, indem die Velocity z. B. auf Basis der letzten drei Sprints bestimmt wird.

Das Scrum Team kann mit Hilfe der Velocity auch verfolgen, ob es effizienter wird und ob die Maßnahmen, die das Team in den Retrospektiven identifiziert, auch greifen. Dazu kann das Team die Velocity von jedem Sprint in einer Grafik auftragen und sehen, ob sich die Geschwindigkeit verbessert.

Bei der Berechnung der Velocity ist es notwendig, dass das Team die Umfänge der Product Backlog Einträge relativ schätzt [» „Schätzung mit Planning Poker“ auf Seite 134]. Nur bei einer relativen Schätzung kann das Team erkennen, ob sich die Geschwindigkeit verbessert, d. h. ob mehr Story Points je Sprint umgesetzt werden.

Die Velocity klärt die Frage …

… des Product Owners:
„Wie viel bekomme ich im nächsten Sprint geliefert?“

… des Entwicklungsteams:
„Wie viel können wir realistisch im nächsten Sprint liefern?“

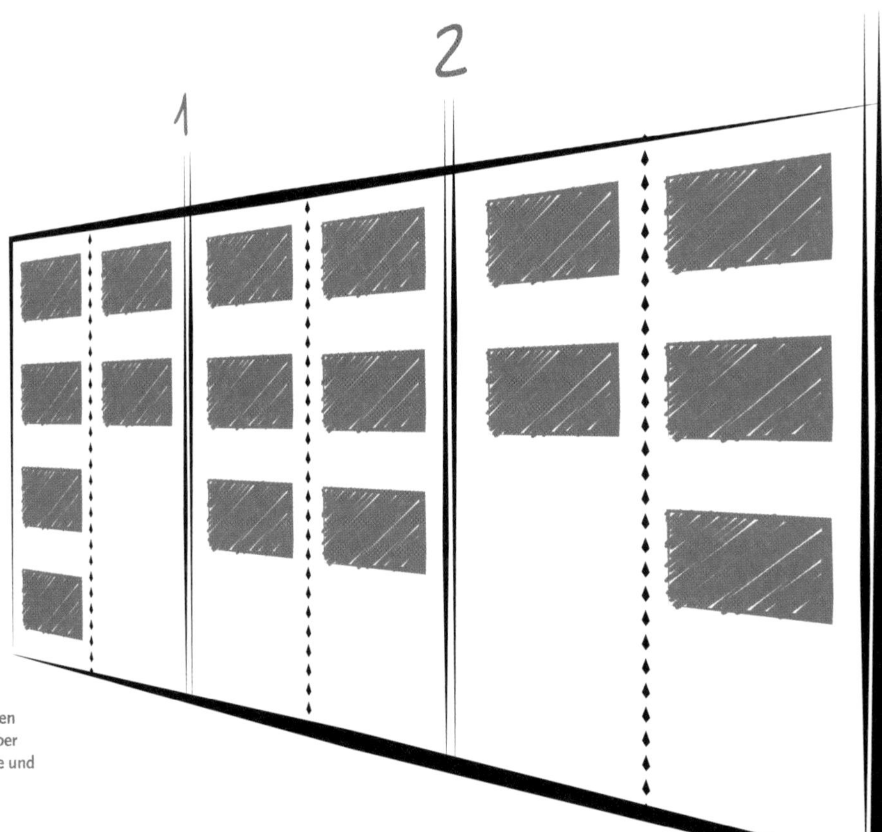

Ein Release ist ein Inkrement, das ausgeliefert und in Produktion genommen wird. Mit Hilfe des Release Burndown kann der Fortschritt des Produkts über die Sprints hinweg verfolgt werden. Außerdem können damit Liefertermine und Releaseumfänge prognostiziert werden.

RELEASE PLAN

Die Releaseplanung ist eine Technik zur Ordnung der Umsetzung des Produkts in Releases und zur Prognose von Lieferterminen bzw. Meilensteinen. Der Release Plan legt die Ziele der Releases fest, ordnet die Product Backlog Einträge in die Releases und definiert die Releasetermine.

Die Releasetermine und die Releaseumfänge basieren auf der Geschwindigkeit des Scrum Teams und der Schätzung der Product Backlog Einträge. Bei der Releaseplanung werden Geschwindigkeit, Umfänge und Termine so balanciert, dass sich ein realistischer Releaseplan ergibt.

Teilnehmer
- Product Owner
- ggf. der Scrum Master als Moderator

Wann
- Im Product Backlog Refinement

Ergebnis
- Plan über die Umsetzung des Produkts in Releases

RELEASE BURNDOWN

Das Release Burndown ist eine Technik zur transparenten Darstellung des Fortschritts des aktuellen Releases. Gewöhnlich wird eine Release Burndown-Grafik verwendet. Die verbleibende Arbeit für ein Release wird auf der vertikalen Achse angezeigt (z. B. in Story-Points), während die Sprints eines Releases auf der horizontalen Achse dargestellt werden.

Bei jedem Sprint aktualisiert der Product Owner das Release Burndown auf Grundlage der Geschwindigkeit und der Schätzungen des Teams. Im Sprint umgesetzte Story-Points werden von oben abgetragen. Außerdem wird das Delta der im Sprint vorgenommenen Änderungen im Product Backlog unten hinzugefügt.

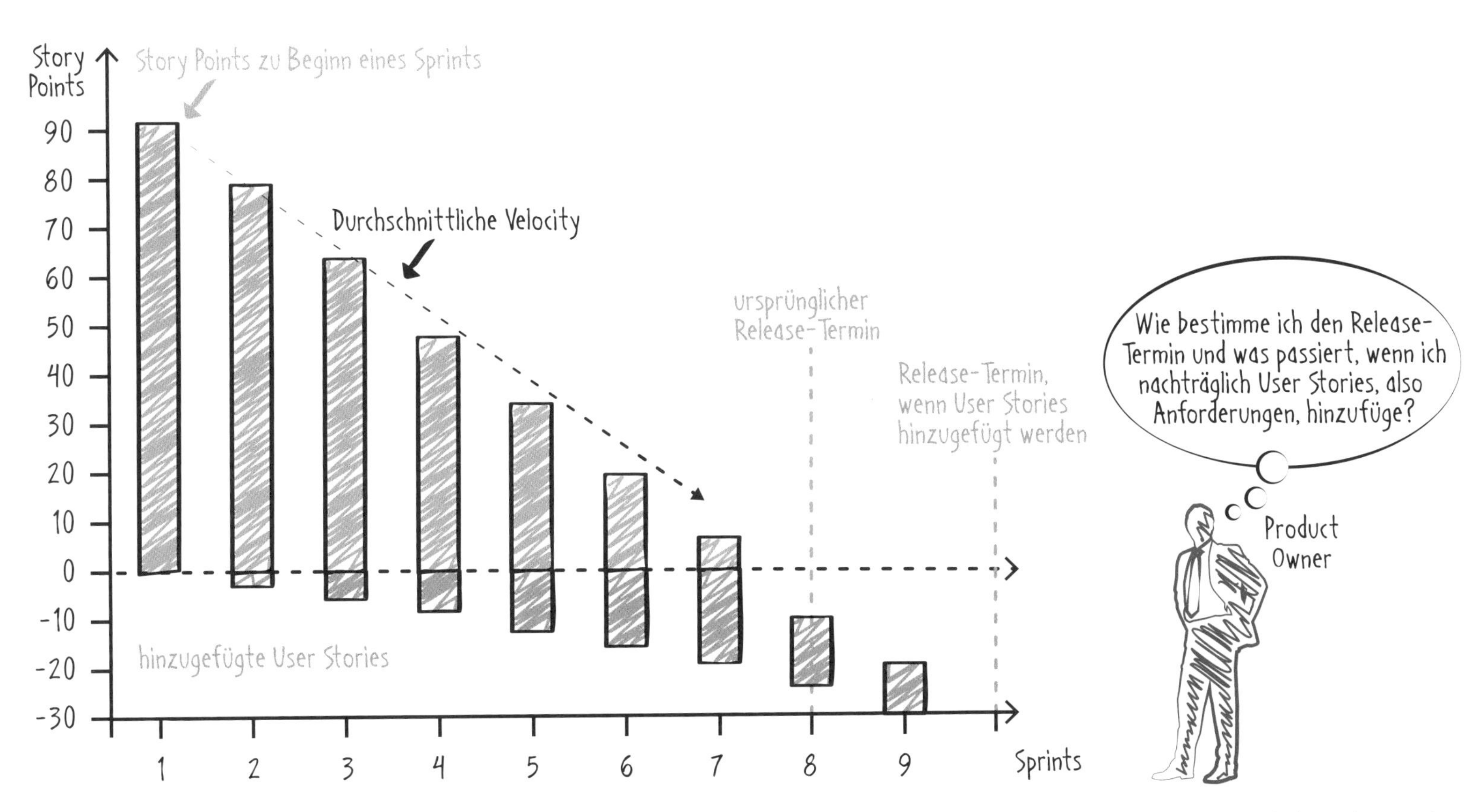
Story Points
Story Points zu Beginn eines Sprints
90
80
70
60
50
40
30
20
10
0
-10
-20
-30
Durchschnittliche Velocity
ursprünglicher Release-Termin
Release-Termin, wenn User Stories hinzugefügt werden
hinzugefügte User Stories
1
2
3
4
5
6
7
8
9
Sprints
Wie bestimme ich den Release-Termin und was passiert, wenn ich nachträglich User Stories, also Anforderungen, hinzufüge?
Product Owner

PROGNOSEN MIT DEM RELEASE BURNDOWN

Mit Hilfe des Release Burndowns kann der Product Owner Umfang und Liefertermin des aktuellen Releases bestimmen.

Die Frage „Wann ist das Release fertig?" lässt sich mit Hilfe des Release Burndowns beantworten. Dazu wird die Linie, welche die Velocity [» Seite 144] beschreibt, bis zur Zeitachse (X-Achse) durchgezogen. Diese Linie ist in der Grafik gestrichelt dargestellt. Die Velocity-Linie ergibt sich, indem die Product Backlog Umfänge je Sprint verbunden werden. Die Product Backlog Umfänge je Sprint sind die vertikalen Balken im Release Burndown. Der Schnittpunkt der Velocity-Linie mit der Zeitachse gibt eine Prognose, nach wie vielen Sprints das aktuelle Release fertig sein kann.

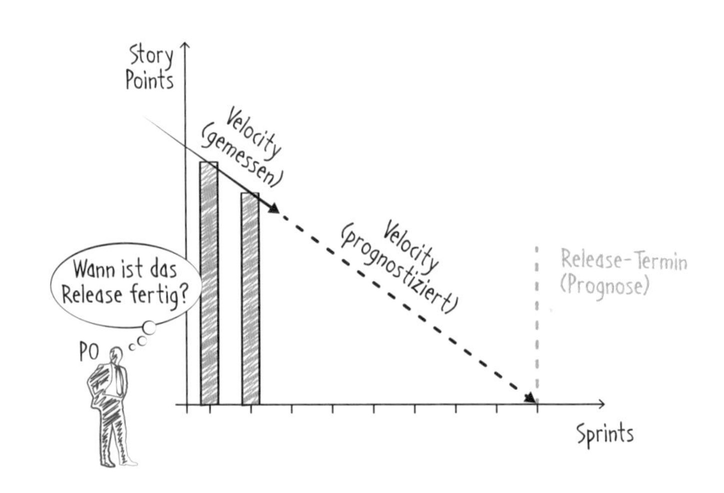

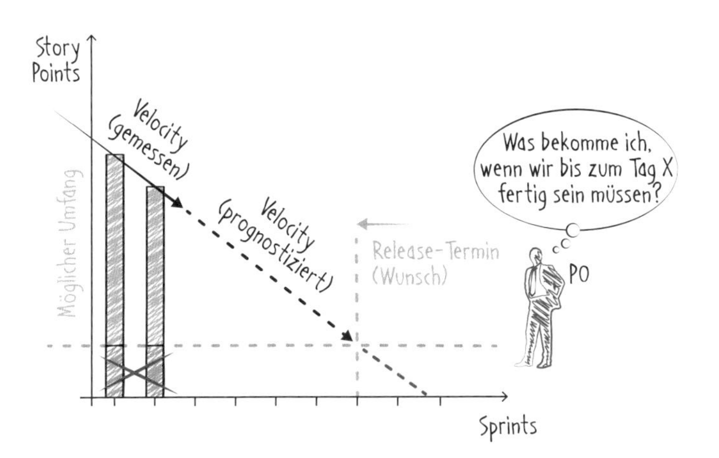

Die Frage „Was ist der Umfang des Releases, wenn wir zu einem bestimmten Zeitpunkt fertig sein müssen?" lässt sich ebenfalls mit dem Release Burndown beantworten. Hierzu wird eine vertikale Linie bei dem geplanten Fertigstellungsdatum des Releases gezogen (in der Grafik in grün dargestellt). Dort, wo sich diese Linie mit der Velocity-Linie schneidet, wird eine horizontale Linie zur Umfangsachse (Y-Achse) gezogen. Auf der Y-Achse kann nun abgelesen werden, wie groß der Umfang des aktuellen Releases in Story Points sein kann.

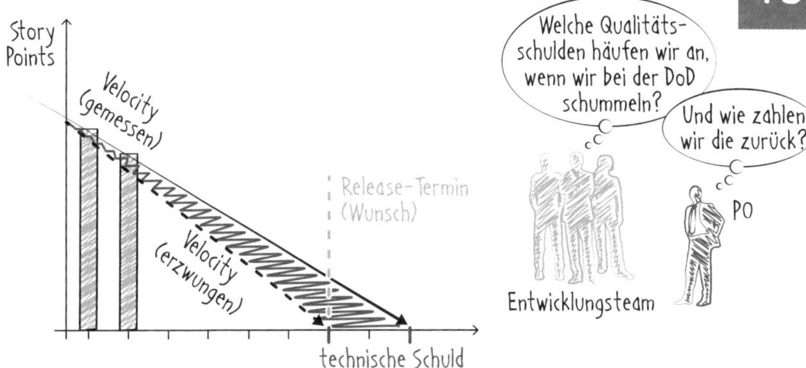

Die Gefahr eines erzwungenen Fertigstellungstermins zeigt die dritte Grafik. Wenn ein Team gezwungen wird, die Entwicklungsgeschwindigkeit zu erhöhen, so kann dies nur auf Kosten von Qualität geschehen. Dann wird von einer technischen Schuld gesprochen. Dies sind versteckte Aufwände, die später noch geleistet werden müssen, obwohl das Produkt ausgeliefert und als „fertig" deklariert wurde. Die technische Schuld sind nicht behobene Fehler oder nicht umgesetzte Qualitätskriterien wie z. B. Codedokumentation oder Wartbarkeit, die aber in der „Definition of Done" formuliert sind. Dieser Aufwand muss später nachgeholt werden – mit entsprechenden Zinsen, da es aufwändiger ist, diese Qualität später zu ergänzen. Häufig ist es auch schwierig, den Product Owner oder Kunden zu überzeugen, Geld in die Qualitätsverbesserung zu investieren, nachdem das Release abgenommen und als „fertig" bezeichnet wurde.

152 PRODUCT ROADMAP

Mit der Product Roadmap kann auf einem hohen Niveau die Entwicklung des Produkts skizziert werden. Während der Release-Plan eine Übersicht über die Inhalte der Sprints bis zum nächsten Release bietet, hat die Product Roadmap einen weitergehenden Blick. Die Product Roadmap zeigt auf, wohin die Reise des Produkts geht. Sie beschreibt auf einem hohen Niveau die nächsten Releases.

Folgenden Punkte helfen, jedes Release zu definieren:

- Zielgruppe:
  Anwender, auf die sich das Release fokussiert
- Bedürfnisse:
  Bedürfnisse der Key-User
- Features:
  Wichtigste Eigenschaften vom Release
- Name:
  Name des Releases
- Ziel:
  Grund, warum das Release entwickelt werden soll
- Messung:
  KPI um zu bestimmen, ob das Ziel erreicht wurde
- Datum:
  prognostizierte Liefertermine

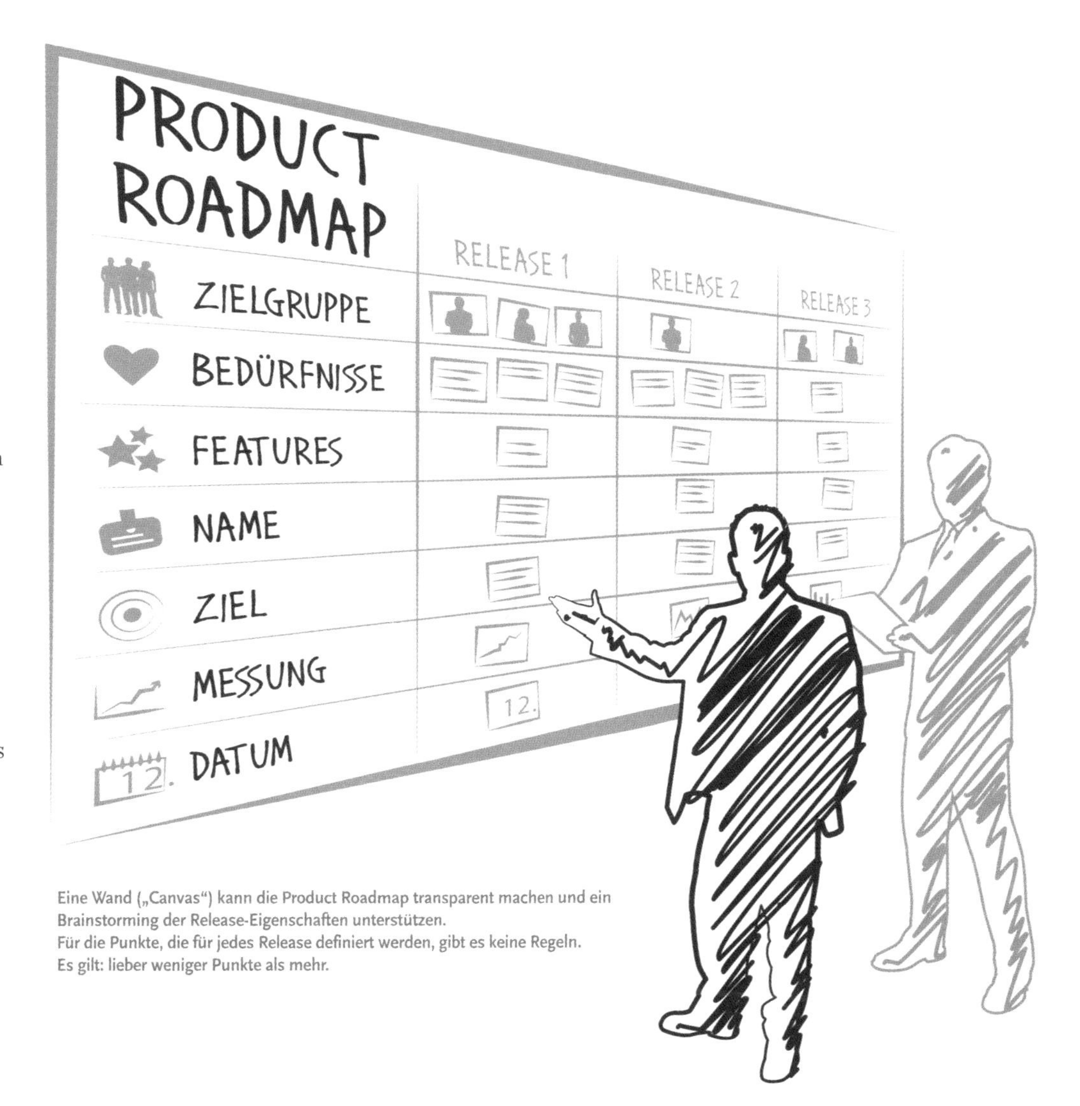

Eine Wand („Canvas“) kann die Product Roadmap transparent machen und ein Brainstorming der Release-Eigenschaften unterstützen.
Für die Punkte, die für jedes Release definiert werden, gibt es keine Regeln.
Es gilt: lieber weniger Punkte als mehr.

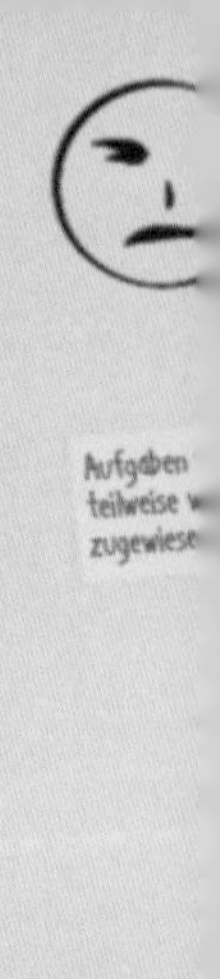

RETROSPEKTIVEN – FRÜH FEHLER MACHEN UND SCHNELL DARAUS LERNEN.

Es gibt viele verschiedene Techniken,
um eine Retrospektive durchzuführen.
Wir stellen Ihnen
das Vorgehen und drei Techniken vor,
mit denen Sie gleich starten können.

FÜNF PHASEN EINER RETROSPEKTIVE

Die fünf Phasen einer Retrospektive helfen dem Team seine Arbeitsweise zu überprüfen und Maßnahmen zur Verbesserung zu identifizieren.

I

Ankommen und Rahmen schaffen

Als Erstes werden die Voraussetzungen für eine offene Atmosphäre geschaffen. Die Teilnehmer sollen sich wohl dabei fühlen, offene Punkte zu diskutieren. Dabei gilt, dass jeder die bestmögliche Arbeit geleistet hat, die er oder sie leisten konnte und zwar unabhängig davon, welche offenen Punkte identifiziert werden.

II

Daten sammeln

Als Zweites werden Informationen gesammelt. Dies geschieht oft, indem man zurückblickt und identifiziert, was gut gelaufen ist und was nicht.

III

Erkenntnisse gewinnen

Als Drittes werden Erkenntnisse entwickelt. In dieser Phase identifizieren Teams normalerweise, warum Dinge geschehen sind und was anders getan werden sollte.

IV

Entscheiden, was zu tun ist

Als Viertes entscheidet man, was zu tun ist. Das umfasst Entscheidungen über konkrete, sinnvolle, vereinbarte und realistische Schritte, die im nächsten Sprint umgesetzt werden sollen.

V

Die Retrospektive abschließen

Als Fünftes wird die Retrospektive abgeschlossen. Die Ergebnisse werden dokumentiert und die nächsten Schritte geplant.

Tipp:
Auf der Website www.plans-for-retrospectives.com finden Sie für jede der fünf Phasen viele hilfreiche Techniken. So können Sie Retrospektiven abwechslungsreich und passend für die jeweilige Teamsituation gestalten. Auf den folgenden Seiten finden Sie einige ausgewählte Techniken für einen schnellen Start Ihrer nächsten Retrospektive.

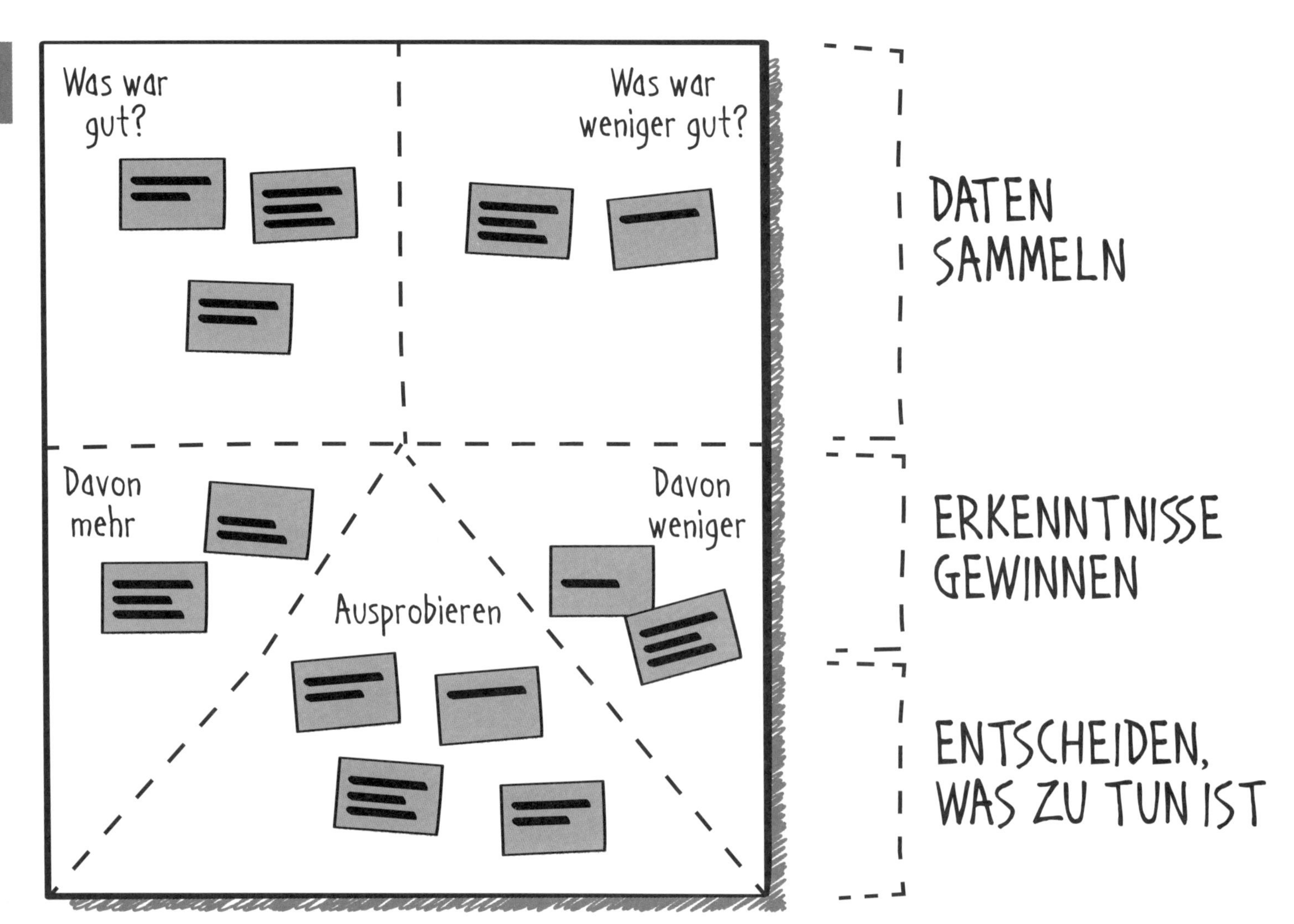
Was war gut?
Was war weniger gut?
Davon mehr
Davon weniger
Ausprobieren
DATEN SAMMELN
ERKENNTNISSE GEWINNEN
ENTSCHEIDEN, WAS ZU TUN IST

SEESTERN-RETROSPEKTIVE

Die Seestern-Technik ist eine effektive Methode, um Daten zu sammeln und zu entscheiden, was zu tun ist.

Das Seestern Board hat zwei Bereiche. Die obere Hälfte ist für die Beobachtungen: was war gut und was war schlecht. Die untere Hälfte ist für die Maßnahmen: was müssen wir mehr machen, was sollten wir weniger machen, welche neuen Dinge sollten wir ausprobieren.

Dauer
- Üblicherweise 15–30 Minuten

Vorgehen
- Brainstorming-Technik: Zunächst schreibt jeder für sich Punkte auf, z. B. auf große Klebezettel. Anschließend werden die Punkte vor dem Team den fünf Bereichen zugeordnet und ggf. erläutert. Keine Diskussion oder Bewertung – diese erfolgt erst, wenn alle Teammitglieder ihre Punkte eingebracht haben.

Teilnehmer
- Das Entwicklungsteam und der Product Owner identifizieren, was gut und was weniger gut funktioniert hat – um daraus für den nächsten Sprint zu lernen.
- Der Scrum Master ist Moderator.

Ergebnis
- konkrete Maßnahmen, die im nächsten Sprint umgesetzt werden.

FEEDBACK CAPTURE GRID

Das Feedback Capture Grid ist eine alternative Methode, die sich in der Praxis ebenfalls für die Durchführung von Retrospektiven bewährt hat. Dieses Raster hilft dabei systematisch Feedback in vier Kategorien einzusammeln.

Das Board hat vier Bereiche:

+
„Was war gut?“

Δ
„Was können wir ändern, um das nächste Mal besser zu sein?“

?
„Welche Fragen oder Behinderungen gibt es?“

Konkrete Maßnahmen, die im nächsten Sprint umgesetzt werden.

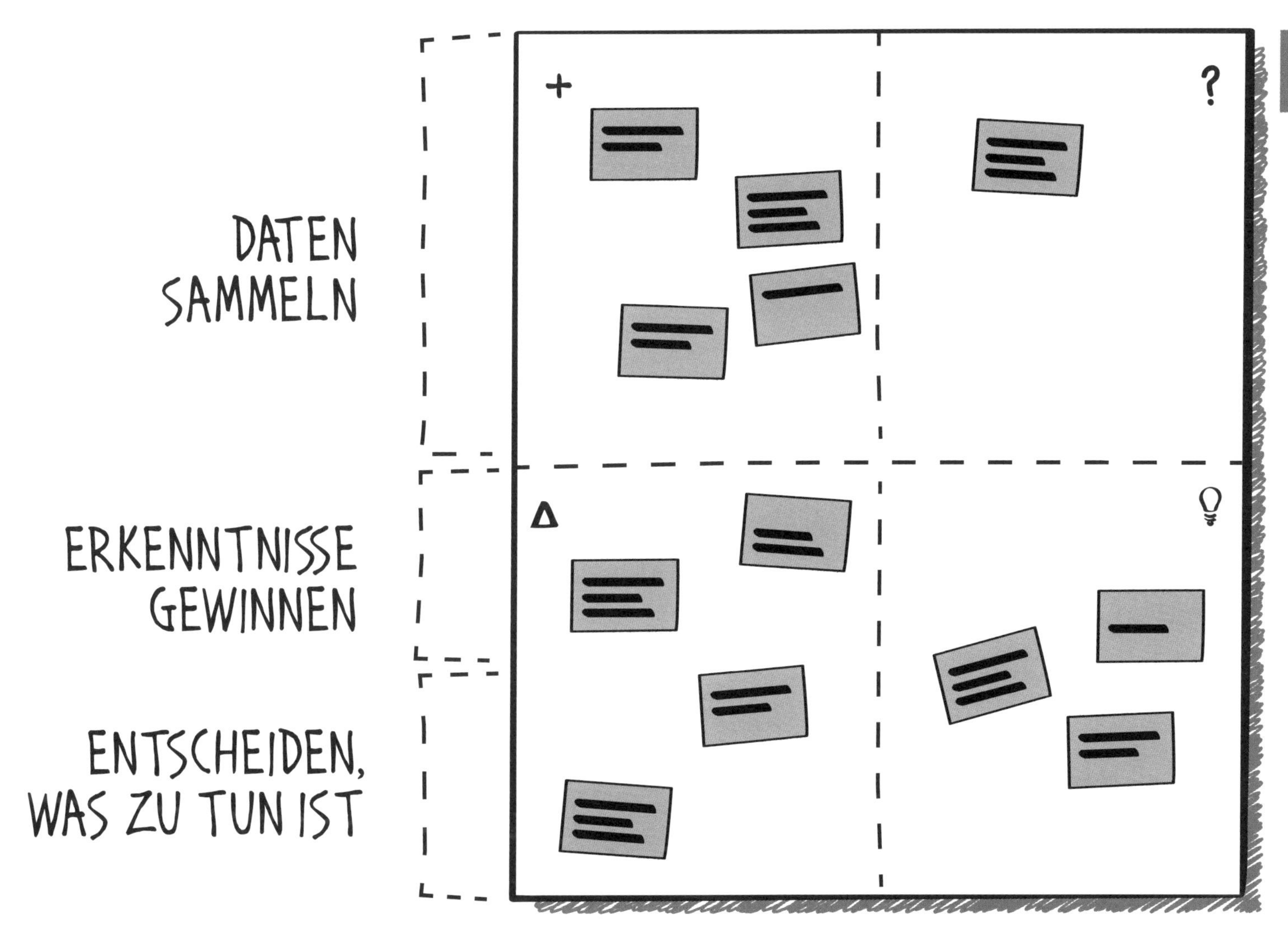
DATEN SAMMELN
ERKENNTNISSE GEWINNEN
ENTSCHEIDEN, WAS ZU TUN IST
+
?
Δ

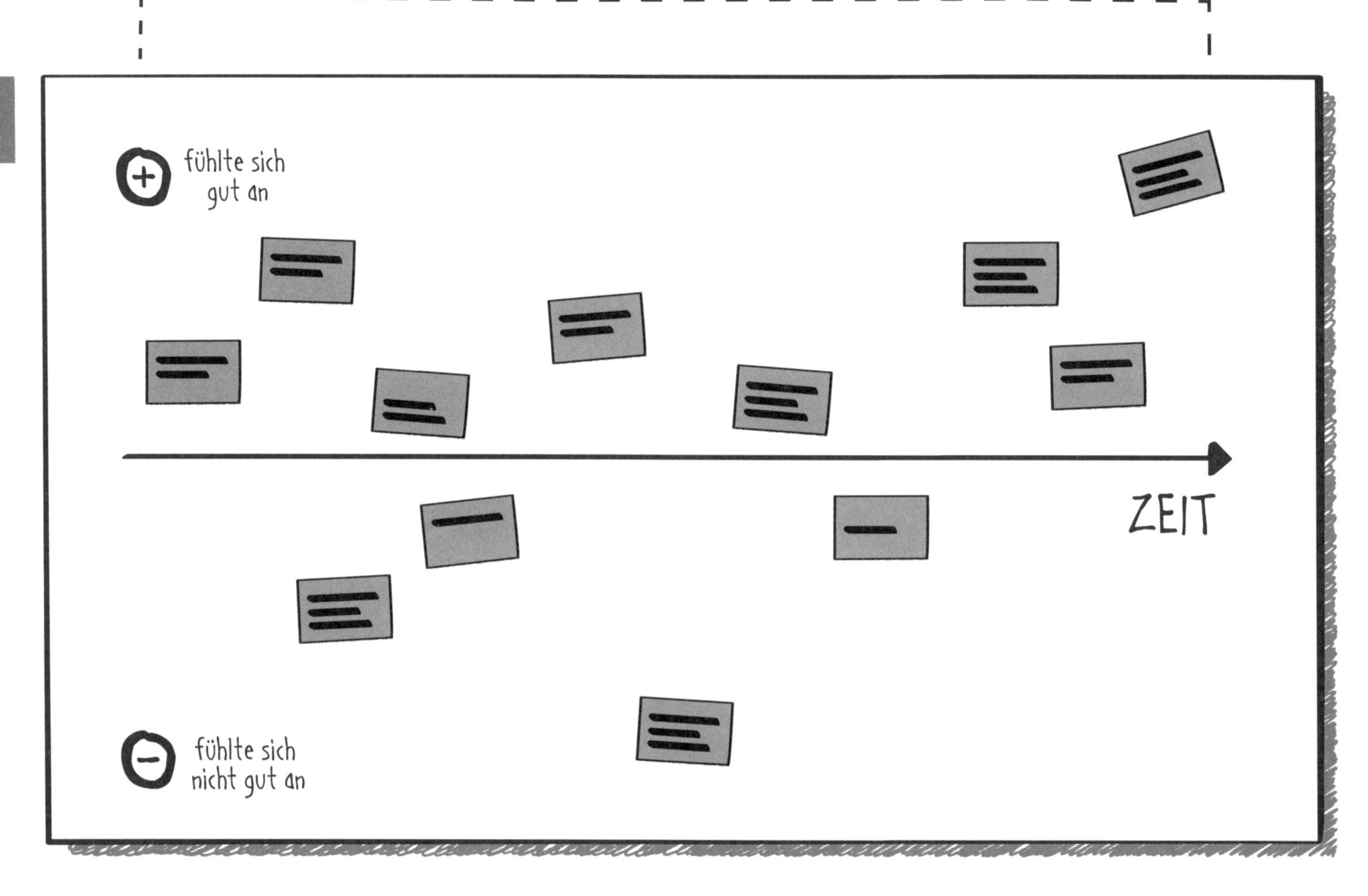
DATEN SAMMELN ÜBER LÄNGEREN ZEITRAUM
fühlte sich gut an
ZEIT
fühlte sich nicht gut an

ZEITLEISTE

Die Zeitleiste ist eine Technik, die gut geeignet ist, um Daten über einen längeren Zeitraum hinweg (z. B. über das letzte Release) zu sammeln. Sie hilft zu visualisieren, wie das Team die Arbeit über einen Zeitverlauf hinweg einschätzt.

Auf der Zeitschiene ist Platz für positive und negative Erfahrungen. Die Teilnehmer platzieren die positiven Dinge oberhalb und die negativen Erlebnisse unterhalb der Zeitachse.

Dauer

- Üblicherweise 15–30 Minuten

Vorgehen

- Brainstorming-Technik: Zunächst schreibt jeder für sich Punkte auf, z. B. auf große Klebezettel. Anschließend werden die Punkte vor dem Team auf der Zeitachse eingeordnet und ggf. erläutert.

Teilnehmer

- Das Entwicklungsteam und der Product Owner identifizieren was gut und was weniger gut gelaufen ist – um daraus zu lernen.
- Der Scrum Master ist Moderator.

Ergebnis

- Sammlung von Ereignissen der betrachteten Periode – und Einschätzung, wie diese empfunden werden (positiv/negativ).

MEHR GEDANKEN ZU RETROSPEKTIVEN

Unsere Überzeugung ist, dass Retrospektiven nicht nur im agilen Kontext nützlich sind. Sie sind wertvoll im Daily Business eines Jeden. Es geht darum persönlich zu wachsen – losgelöst von dem, WAS man tut – mit Blick auf das WIE.

Wohldurchdachte Retrospektiven sind eine gute Möglichkeit ein Unternehmen „sanft" an agile Arbeitsweisen heranzubringen, da es Mitarbeiter motiviert über das zu reden, was sie verbessern möchten und konkret zu überlegen, wie das gehen kann. Wenn Sie Retrospektiven als einen ersten Schritt zum Beweis des großen Nutzen von Scrum bei „skeptischen Teams" etablieren, werden diese schnell erste Ergebnisse spüren und ausprobieren können. So wirkt Scrum gleich weniger revolutionär sondern kann evolutionär etabliert werden.

Retrospektiven zu gestalten klingt anfangs meist gar nicht so schwer. Die fünf Phasen einer Retrospektive sind bekannt, es gibt jeweils nützliche Methoden, die sich empfehlen, um einzelne Einheiten durchzuführen und es ist auch genug Material (Moderationskarten, Flipcharts, Stifte ...) da, um Wände mit Ideen zu behängen. Es kann also losgehen.

Doch Vorsicht! Leider wird häufig vergessen, dass es bei der Arbeit mit Menschen nicht darum geht einen möglichst großen Methodenbaukasten mit sich herumzutragen, um ihn dann beim Meeting zu öffnen, sondern darum, den Nerv jedes einzelnen Teammitglieds zu treffen. Immer gleiche Retrospektiven sind häufig langweilig. Und Methodenfixiertheit bringt meist keine Ergebnisse, die zu einer kontinuierlichen Verbesserung von Arbeitsweisen und Produkt führen. Damit Ihre Retrospektiven in Zukunft wertschöpfende Ergebnisse liefern, ist es nützlich auch mal über den Tellerrand zu blicken.

Auf der nächsten Seite finden Sie weitere hilfreiche Ideen, Tipps und Tricks, die Ihre Retrospektiven erfolgreich machen können:

Vergessen Sie nicht die Zielsetzung für den nächsten Sprint.

Häufig wird abschließend vergessen, Maßnahmen für den folgenden Sprint konkret auszuformulieren. Umgehen Sie dieses Problem dadurch, dass die Maßnahmendefinition ein fester Bestandteil am Ende einer Retrospektive bleibt und sich jeder ausformulierten Maßnahme ein Teambeauftragter zuordnet. Wenn Maßnahmen nicht durch einzelne Teammitglieder gepullt werden, gilt meist das Prinzip „T.E.A.M.“ (Toll Ein Anderer Macht's) und es erfolgt keine Umsetzung.

Gute Vorbereitung ist das A und O.

Jedes Team sollte sich vor der Retrospektive Gedanken darüber gemacht haben, wie der letzte Sprint verlaufen ist. Der Scrum Master benötigt eine grobe Agenda, die er gemeinsam mit dem Team anpasst.

Bieten Sie Abwechslung.

Sie dürfen kreativ, verspielt und albern sein. Haben Sie Spaß, dann fallen Veränderungen auch gar nicht so schwer. Wie wäre es z. B. damit, dem letzten Sprint einen Liebes-, einen Hass- und einen ganz konstruktiven Brief zu schreiben und sich danach im Team dazu auszutauschen?

Experimentieren ist völlig ok.

Probieren Sie auch mal etwas aus, das Sie die Komfortzone verlassen lässt. Retrospektiven ermöglichen ein „Spinnen“ und laden dazu ein, den Blick und die Möglichkeiten zu erweitern. Nutzen Sie diesen Moment. Er bietet einen großen Entwicklungsraum für das gesamte Scrum Team, daher ist die „Macht“ einer guten Retrospektive nicht zu verachten.

Archiv oder nicht Archiv, das ist hier die Frage.

Die Erfahrung lehrt, dass Fotoprotokolle irgendwann kaum noch beachtet werden und quasi verstauben. Überlegen Sie ganz genau, welche Ergebnisse so wichtig sind, dass sie aufgehoben werden müssen. Behalten Sie auch mal ein ganzes Flipchart und gestalten Sie die Wände des Teamraums mit den Ergebnissen. Achten Sie aber auch hier auf Varianz: Wenn immer das Gleiche an der Wand hängt, wird es irgendwann nicht mehr beachtet.

Jedes Team hat seine eigene, gut durchdachte Retrospektive verdient.

Jede Retrospektive ist auf die Bedürfnisse des Scrum Teams und mit Fokus auf den vergangenen Sprint ausgerichtet.

In Retrospektiven können Konflikte zu Tage kommen.

Die Haltung dazu ist leider nicht immer positiv. Ein konstruktiver Umgang miteinander will gelernt sein und entwickelt sich häufig erst im Laufe einiger Sprints. Hier hat sich bewährt: Ehrlichkeit und Offenheit sind unabdingbar. Manchmal muss es einfach „knallen“, damit das Team weiterkommt. Dabei darf eine lösungsorientierte Grundhaltung nicht unter den Tisch fallen. Retrospektiven lehren jeden Einzelnen des Scrum Teams, dass „über den Schatten springen“ richtig gut tun kann.

Versuchen Sie mal Informell.

Versuchen Sie mal Informell: Gehen Sie gemeinsam Essen und suchen Sie dazu eine Lokalität mit großem Tisch und somit Platz für Moderationskarten, die sie dort ablegen können. Beim Essen kann man tatsächlich gut arbeiten und kommt häufig auf völlig neue Gedankenstränge. Im Sommer bieten sich beispielsweise Picknicks im Park an. Alles, was zu guten Lösungen führt, ist erlaubt. Lösen Sie sich aus der Büroatmosphäre.

IMPEDIMENT BACKLOG

Der Scrum Master ist für die Beseitigung der Behinderungen verantwortlich. Das bedeutet aber nicht, dass er die Mama vom Scrum Team ist [» Seite 64].

Behinderungen, die das Scrum Team selbst lösen kann, löst es auch selbst.

Der Scrum Master kümmert sich beispielsweise um organisatorische Behinderungen oder Störungen im Team. Oder er coacht Product Owner und Entwicklungsteam, falls persönlicher Entwicklungsbedarf besteht.

Das Impediment Backlog ist eine Technik, mit der der Scrum Master Hindernisse (Impediments) sammelt. Das Impediment Backlog ist eine Liste der Hindernisse sowie der Aufgaben zu ihrer Lösung und ihrem aktuellen Status. Üblicherweise werden die Impediments im Daily Scrum vom Team vorgetragen und vom Scrum Master aufgenommen. Der Scrum Master ist derjenige, der für die zügige Beseitigung dieser Hindernisse sorgt.

KANBAN: JAPANISCHE WEISHEITEN FÜR TEAMS

Kanban ist ein leicht zu integrierendes Management-Tool und basiert auf Lean Produktionsprozessen. Als Methode unterstützt Kanban, die Organisation von Arbeit in Teams. Durch Kanban wird die Transparenz im Team erhöht, parallele Arbeit begrenzt und Engpässe werden sichtbar gemacht. Damit hilft Kanban dabei, Durchlaufzeiten zu verringern. Es wird in vielen Teams genutzt, um Anfragen und Arbeitsaufträge gemeinsam im Team effizient und effektiv durchzuführen.

Basierend auf einem Pull-System entstand Kanban ab dem Ende der 1940er Jahre in Japan. Der Erfinder des Kanban-Systems, Toyotas ehemaliger Produktionsleiter Taichii Ohno, prägte zu diesem Zeitpunkt die Zukunft eines der transparentesten und hilfreichsten Tools des heutigen Produktions- und Projektmanagements. Er erfand das Toyota-Produktionssystem und das japanische Management-Konzept Kaizen.

Die fünf Kerneingenschaften von Kanban:

- Visualisiere den Workflow
- Begrenze den Work in Progress (WiP)
- Messe und kontrolliere den Fluss
- Mache die Regeln für den Prozess explizit
- Verwende Modelle, um Verbesserungsmöglichkeiten zu erkennen

Welche Vorteile bietet Kanban?

- Vermeidung unnötiger Arbeit
  Kanban arbeitet mit Pull-Mechanismen. Auslöser aller Arbeit sind Anfragen von externen oder internen Kunden. Dies stellt sicher, dass nur produziert wird WAS auch gebraucht wird und nur WENN es benötigt wird.

- Fokussierung
  Kanban nutzt die Limitierung von gleichzeitiger Arbeit (WiP-Limits), um parallele Arbeit zu vermeiden. Kanban schafft so ein einfaches und transparentes Arbeitsumfeld, in dem teure Kontextwechsel vermieden werden, und so Aufträge schnell und gezielt erledigt werden.

- Transparenz
  Eine goldene Regel in Kanban lautet „Visualisiere alles (was Sinn macht)!". So schafft Kanban Transparenz zu den Fragen „Was läuft gut?", „Was läuft noch nicht optimal?" und „Wo können wir etwas verbessern?".

- Kanban ist leichtfüßig und einfach zu etablieren. Es lebt von drei Grundprinzipien:
  - Beginne dort, wo du dich im Moment befindest.
  - Komme mit anderen überein, dass inkrementelle und evolutionäre Veränderungen angestrebt werden.
  - Respektiere den bestehenden Prozess, sowie die existierenden Rollen, Verantwortlichkeiten und Berufsbezeichnungen.

Wie funktioniert die Transparenz durch Visualisierung in Kanban?

Das japanische Wort Kanban bedeutet ganz ursprünglich „Signalkarte" (dabei steht „kan" für „Signal" und „ban" für „Karte"). Häufig arbeiten Teams mit einem Kanban-Board, an dem einzelne Tickets mit Aufgaben die o.g. Signalkarten darstellen.

Eine Signalkarte wandert von links nach rechts und von Spalte zu Spalte. Jede Spalte symbolisiert eine Bearbeitungsphase, in der sich das jeweilige Ticket befindet. Dadurch entsteht, ähnlich wie am Task-Board in Scrum, ein sichtbarer und transparenter Flow, der den Arbeitsprozess des Teams visualisiert.

Der besagte Pull-Mechanismus wird durch den Kunden ausgelöst, der sich symbolisch am rechten Ende des Boards befindet und die Bearbeitung der einzelnen Tickets anfragt. Der Rhythmus, in dem der Kunde Anforderungen stellt, gibt dem Team den gewünschten Lieferungsrhythmus vor. Natürlich macht dies alleine keinen realistischen Arbeitstakt aus.

Ein weiterer wichtiger Bestandteil des Kanban-Prozesses ist die Limitierung der o.g. Spalten auf ein festes Pensum an Tickets innerhalb einer Bearbeitungsphase. Jede Spalte wird daher mit einem WiP-Limit versehen, der angibt, wie viele Aufgaben maximal gleichzeitig bearbeitet werden dürfen. So werden schnell Flaschenhälse sichtbar, an denen sich Arbeit staut, was schlussendlich eine Überlastung einzelner Teammitglieder auslösen kann.
An den Engpässen kann dann durch zielgerichtete Maßnahmen gearbeitet werden, um eine schnelle und ebenfalls sichtbare Verbesserung einzuleiten.

In Kombination mit Scrum lässt sich Kanban sehr gut für ad-hoc Tätigkeiten einsetzen. Oft gestalten sich vor allem Teams im Servicebereich Boards, die langfristig planbarere Elemente (Sprint-Board) und kurzfristigere Tasks (Kanban-Board) enthalten. Für diese Vorgehensweise ist der Begriff Scrumban entstanden [» Seite 192].

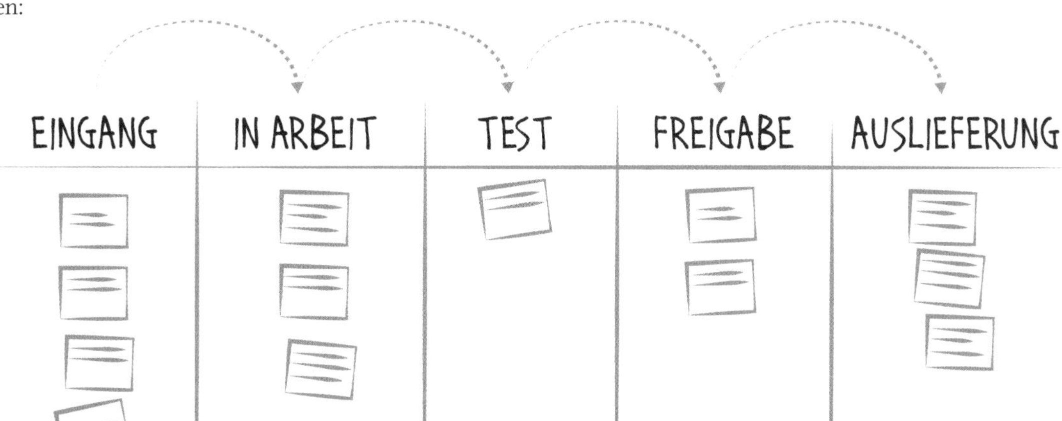

COLLOCATION

Collocation ist eine Technik für Teams, bei der in gemeinsamen Büroräumen zusammengearbeitet wird. Diese Technik erhöht die Produktivität des Teams, da Kommunikation von Angesicht zu Angesicht der beste Weg ist, Informationen weiterzugeben.

Kann ein Team einmal nicht wie im Idealfall zusammen sitzen, sollten alle Möglichkeiten der virtuellen Zusammenarbeit genutzt werden. Ideen können in Mindmapping-Tools entworfen, Diskussionen über Instant Messenger, Video- und Audio-Conferencing-Dienste geführt werden. Wissen wird in Wikis organisiert und Grafiken, Texte und Designvorschläge werden über Collaborative-Reviewing-Dienste geteilt.

Die gemeinsamen Büroräume unterstützen die Kommunikation, den Teamgeist und das Bewusstsein für andere Teammitglieder. Konkret heißt das, dass jedes Teammitglied jederzeit die anderen Teammitglieder sehen und erreichen kann. Idealerweise müssen die Teammitglieder dafür höchstens ihren Kopf oder Bürostuhl drehen. Bereiche für kommunikativen Teamgeist und Ruhezonen für konzentriertes Arbeiten sollten allerdings ausgeglichen sein. Anders als man denken könnte, braucht man dadurch nicht mehr Büroraum als durch getrennte Arbeitsplätze.

SCRUM VALUES
SCRUM FOR SERVICES
SCRUM FOR DEVELOPMENT

GUTE PRAKTIKEN FÜR TYPISCHE FRAGEN

WIE BEGINNE ICH MIT SCRUM?

Um mit einem Team mit Scrum zu beginnen gibt es bewährte Schritte:

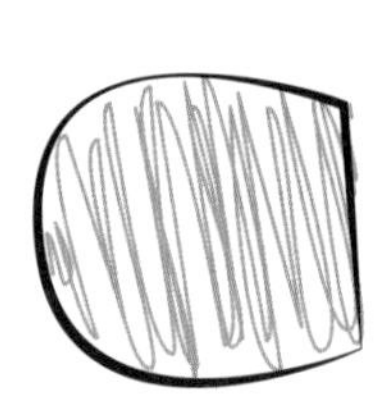

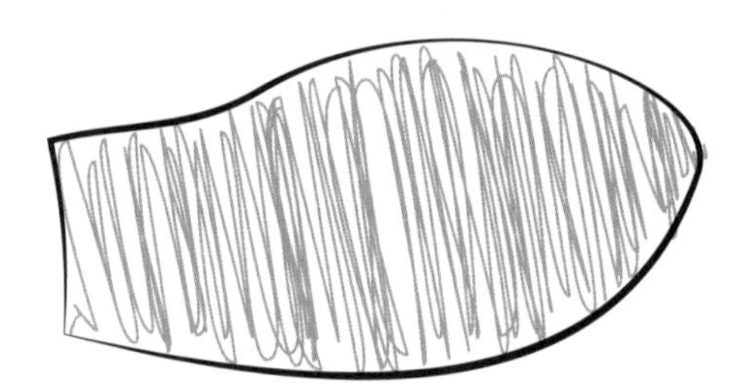

Der erste Schritt ist eine Vorbesprechung mit einem Scrum Coach oder Scrum Trainer zur Einführung von Scrum. Das ist wichtig, damit der Scrum Coach die Rahmenbedingungen und Wünsche kennt. Dies dauert eine Stunde bis zu einem halben Tag.

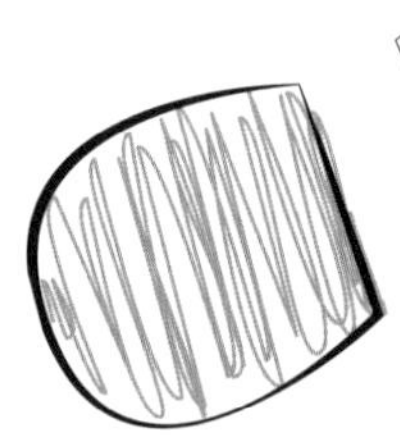

Im zweiten Schritt macht das Team eine Ausbildung zu den Grundlagen von Scrum. Dies ist häufig eine Certified Scrum Master oder eine Certified Product Owner Ausbildung. Notwendig ist eine offizielle Ausbildung mit Zertifikat aber nicht. Wichtig ist vor allem, dass die Schulung auf die spezielle Situation des Teams zugeschnitten ist und von einem erfahrenen Scrum Trainer oder Scrum Coach durchgeführt wird. Dies dauert in der Regel zwei Tage.

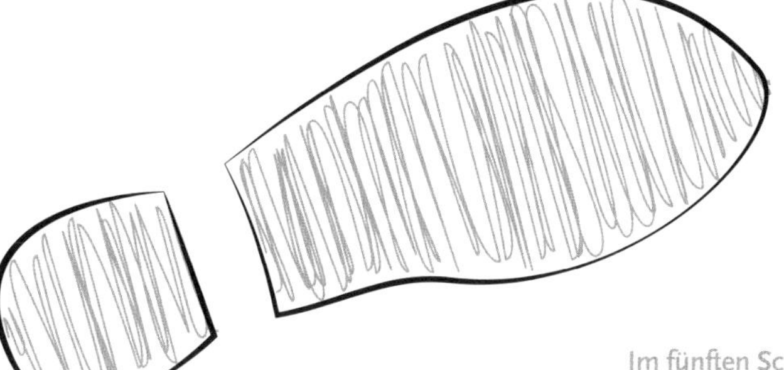

Im dritten Schritt überlegt das Team in einem Workshop wie es das Scrum Rahmenwerk für sich nutzbar macht. Dieser Workshop sollte sich zeitnah an die Schulung anschließen oder nahtlos darin übergehen. Nach der Grundausbildung in Scrum ist das Gelernte frisch, und während der Schulung tauchen meistens bereits viele Fragen auf, die dann im Workshop konkret gelöst werden können. Wichtig ist bei dem Workshop, dass das Team genug Klarheit über Scrum gewinnt, um den ersten Sprint beginnen zu können. Auch bei der Anwendung von Scrum gilt: Plan – Do – Check – Act. Mit anderen Worten: viele Details lassen sich mit der praktischen Erfahrung aus den ersten Sprints viel besser klären, als auf dem Reißbrett vorab. Der Workshop dauert ein bis zwei Tage.

Im vierten Schritt wird der erste Sprint konkret vorbereitet. Das Scrum Team führt ein Product Backlog Refinement durch, Räume werden vorbereitet und die notwendigen Tools einschließlich der visuellen Hilfsmittel eingerichtet. Dies dauert ungefähr eine Woche.

Im fünften Schritt setzt das Team Scrum um – und wird dabei von einem erfahrenen Scrum Coach unterstützt. Er hilft dem Team mit seiner Erfahrung bei einem schnellen und effizienten Scrum-Start. Bei den ersten Sprints ist ein erfahrener Scrum Coach wichtig, damit gute Praktiken sofort etabliert werden. Was sich im ersten halben Jahr nach dem Aufbruch in die Scrum-Zeit einschleift, bleibt häufig für immer, ob gut oder schlecht. Der Scrum Coach bildet den Scrum Master so aus, dass er auf Dauer die Coaching-Rolle im Team übernehmen kann.

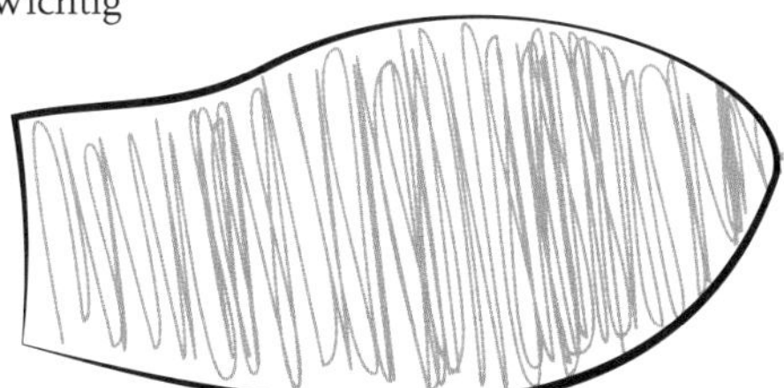

WAS PASSIERT BEI NEUEN TEAMS?

Erfolgreiche Scrum Teams unterstützen sich gegenseitig, um ein gemeinsames Ziel zu erreichen. Solche Teams entstehen nicht über Nacht. Im Gegenteil. Eine Gruppe von Individuen muss einen Teamprozess durchlaufen, bevor sie zu einem erfolgreichen Team wird.

Der amerikanische Wissenschaftler Bruce Tuckman hat in den 60er-Jahren ein Modell aufgestellt. Darin definiert er vier Phasen, die eine Gruppe durchlaufen muss, um ein echtes Team zu werden: Forming, Stroming, Norming und Performing.

Die Phase **Forming** ist die Einstiegs- und Findungsphase. Diese ist durch Unsicherheit und Verwirrung gekennzeichnet. Die Teammitglieder machen sich zunächst miteinander bekannt, definieren erste Ziele und Regeln zur Zusammenarbeit und widmen sich allmählich ihrer Aufgabe. Die Beziehungen sind noch nicht definiert.

In der **Stormingphase** kommt es häufig zu Auseinandersetzungen, da die Teammitglieder unterschiedliche Ziele verfolgen. Es kommt zu Machtkämpfen um die Führungsrolle und den Status in der Gruppe. Aufgrund der Spannungen in der Beziehung zwischen den Teammitgliedern ist die Leistung der Gruppe noch gering.

In der dritten Phase, **Norming**, werden Normen und Regeln diskutiert oder stillschweigend gefunden und eingehalten. Jedes Teammitglied hat seine Rollen gefunden. Die Beziehungen sind harmonischer, die gegenseitige Akzeptanz und die Kooperation in der Gruppe steigt. Damit wendet sich das Team verstärkt seiner Aufgabe zu. Dies ist die Voraussetzung um in die Phase **Performing** zu gelangen. In dieser Phase kooperieren alle Teammitglieder und unterstützen sich gegenseitig, um das gemeinsame Ziel zu erreichen. Es herrscht eine Atmosphäre von Anerkennung, Akzeptanz und Wertschätzung.

Der Prozess startet von Neuem, wenn sich die Teamzusammensetzung verändert, also wenn Mitglieder hinzukommen oder wenn Einzelne das Team verlassen. Werden Scrum Teams neu zusammengestellt, benötigen sie in der Regel zwei bis drei Sprints, um in die Norming-Phase einzutreten. Die Aufgabe des Scrum Masters ist es, den gesamten Teambildungsprozess zu begleiten, Konflikte frühzeitig zu erkennen, einzuordnen und die richtigen Maßnahmen abzuleiten. Er unterstützt das Team dabei, die eigene Arbeitsweise zu reflektieren und Teamentscheidungen zu treffen. Ziel ist es, ein positives Arbeitsklima zu schaffen und eine vertrauensvolle Zusammenarbeit zu ermöglichen. Damit steigt auch die Produktivität des gesamten Teams.

4. Performing

- Primärer Fokus: Sich sicher und gezielt im selbstgesteckten Rahmen zu bewegen.
- Kontinuierliche Verbesserung im Team
- Motivation durch Identifikation mit der Teamvision (gebildet aus Einzelzielen, Teamzielen, Maßnahmen, Commitment).
- Aufgabe Scrum Master: Das Team vor Selbstüberschätzung und vor der Gefahr der Abkapselung von der Organisation zu schützen.

1. Forming

- Primärer Fokus: Kennenlernen und erste Ziele und Regeln zur Zusammenarbeit definieren
- Das Rahmenwerk Scrum gemeinsam kennenlernen, z.B. durch einen initialen Workshop
- Scrum Rollen definieren und zuweisen (Product Owner, Scrum Master, Entwicklungsteam)
- Gemeinsame Arbeitsmittel auswählen (Backlog, Task-Board, Schätztechniken, etc.)
- Gemeinsame Arbeitszeit und Scrum-Ereignisse festlegen
- Erste Regeln festlegen (z.B. Definition of Ready, Definition of Done)
- Aufgabe Scrum Master: Das Team befähigen, mit Scrum erste Sprints umzusetzen (ggf. begleitet durch einen erfahrenen Coach)

2. Storming

- Primärer Fokus: Personen- versus Produkt bzw. Projektthemen stehen im Vordergrund
- Es entstehen Konflikte im Team durch Unterschiede in Werten, Zielen, Stärken, Schwächen und Fähigkeiten (Expertenwissen) Einzelner.
- Die Beteiligten bringen sich aktiv in Themen ein oder entziehen sich diesen Diskussionen komplett.
- Es entstehen neue Fragestellungen, wie z.B. „wie sieht mein Karrierepfad jetzt aus?"
- Es entstehen Probleme durch organisatorische Rahmenbedingungen, die nicht zu Scrum passen. Das verursacht Unruhe im Team.
- Aufgabe Scrum Master: Diesen Prozess aktiv begleiten, Konflikte frühzeitig zu erkennen, richtig einordnen und die richtigen Maßnahmen ableiten, damit as Team die Storming Phase übersteht und nicht daran zerbricht.

3. Norming

- Primärer Fokus: Persönliche Rolle finden, als Gruppe Normen und Regeln definieren und einhalten.
- Zentrale Fragestellungen sichtbar machen und mit Antworten versehen.
- Schnittmenge bilden aus Projekt- und Personenfokus, in denen vielschichtige Werte, Ziele, Stärken, Schwächen und Fähigkeiten sichtbar und auf Team- und Organisationsebene nutzbar gemacht werden.
- Aufgabe Scrum Master: Das Team dabei unterstützen die eigene Arbeitsweise zu reflektieren und Teamentscheidungen herbeizuführen, um ein positives Arbeitsklima und eine vertrauensvolle Zusammenarbeit zu schaffen.

WAS IST SCRUM COACHING?

Der Begriff Coaching kommt aus dem Leistungssport. Im Sport trainiert, berät und begleitet der Coach seinen Coachee bzw. sein Team mit dem Ziel, dessen Leistung zu maximieren.

„In unseren Projekten arbeiten interne und externe Coaches im Team, um langfristig internes Wissen aufzubauen."

Was ist das Ziel von Scrum Coaching?

Beim Scrum Coaching geht es darum, einzelne Personen, Teams oder Organisationen in Scrum auszubilden und bei der nachhaltigen Etablierung von Scrum in der Organisation zu begleiten, um deren Leistungsfähigkeit optimal zu verbessern.

„Für den Erfolg war der Einsatz eines externen Scrum Experten und Coachs unabdingbar, um das Scrum-Rahmenwerk in seiner Gesamtheit und die darunter liegenden agilen Werte und Prinzipien in unserer Organisation wirksam und nachhaltig einzuführen." Nicht jeder ist ein guter Scrum Coach – und doch kann jeder sich so nennen, denn die Bezeichnung ist nicht geschützt und als Begriff weit verbreitet. Da die Rolle vieldeutig ist, müssen die Konzepte des Vorgehens und die wesentlichen Eigenschaften umso trennschärfer sein.

Wer ist Scrum Coach?

Sie haben die Antwort sicherlich an anderer Stelle bereits gelesen: Der Scrum Master ist der Coach für den Product Owner, das Entwicklungsteam und die Organisation. Aber was machen Sie, wenn Sie keinen oder nicht ausreichend erfahrene Scrum Master in Ihrer Organisation haben, die in der Lage sind, mehrere Teams und die Organisation zu betreuen? Wie bauen Sie eigene Scrum Master und Scrum-Wissen in Ihrer Organisation auf?

Suchen Sie sich kurzfristig externe erfahrene Scrum Coaches und bilden Sie langfristig interne Scrum Coaches aus.

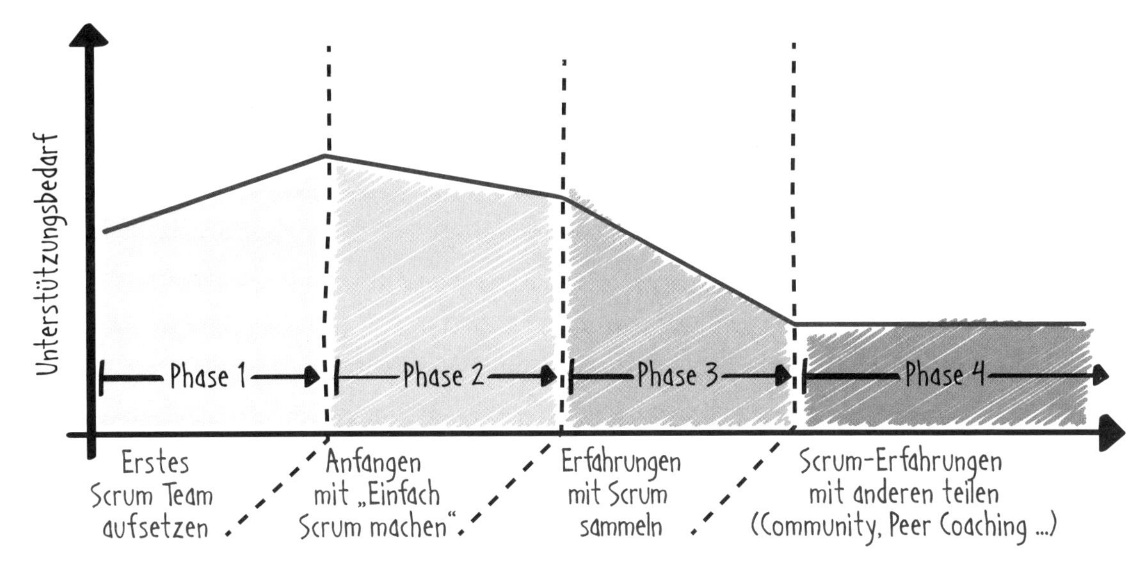

Ein guter Scrum Coach

- hat ein sehr gutes Verständnis von Scrum und den agilen Werten und Prinzipien durch langjährige praktische Erfahrung in der Einführung und Umsetzung von Scrum in Teams und Organisationen.
- besitzt ein hohes Maß an Coaching-Kompetenz: fundierte Kenntnisse im Einsatz von Coaching-Techniken, Rolle und Haltung des Coach, Kontraktbildung zwischen Coach und Coachee.
- hat einen breiten Erfahrungshintergrund in Moderation und Gesprächsführung, Team- und Organisationsentwicklung, Konfliktmanagement und kollegialer Beratung und ist Change Management-Experte.
- ist zur Selbstreflexion und Selbstkritik bereit, lebt eine optimistische und auf Erfolg orientierte Grundhaltung, handelt ressourcen- und lösungsorientiert, ist offen den Schwächen und Fehlern anderer und sich selbst gegenüber.
- hat Branchenkenntnisse (z. B. bei IT-Projekten: hat IT-Background und ggf. Kenntnisse in agilen Entwicklungsmethoden)
- ist bei der Scrum Alliance als Scrum Master zertifiziert (siehe www.scrumalliance.org).

Warum ist Scrum Coaching wichtig?

Sie kennen bestimmt die Geschichte mit dem natürlichen Adoptionsverhalten von Gruppen bei Veränderungen? Das geht so: erste Teams, sogenannte Innovatoren, entwickeln bzw. probieren etwas Neues aus, um besser zu werden oder ihr konkretes Problem zu lösen, z. B. durch die Einführung von Scrum in ihrem Projekt. Jetzt gibt es die Gruppe der Nachahmer, die neugierig geworden ist und vom Erfolg der ersten Teams profitieren möchte. Nur leider gibt es niemanden, der diesen frühen Umsetzern hilft, die neue Arbeitsweise einzuführen. Die wenigen Innovatoren, die bereits Erfahrungen gesammelt haben, haben nicht die Zeit weitere Teams in Scrum auszubilden und zu coachen. Und so geraten bereits früh einige Mitarbeiter in die „Negativerfolgspirale" und geben auf. Scrum ist gescheitert!

Mit Scrum Coaching sorgen Sie dafür, dass Teams von Anfang an positive Erfahrungen machen und diese später an andere Mitarbeiter in der Organisation weitergeben können. Ihre Mitarbeiter und Teams werden ausgebildet und begleitet, so dass diese die Scrum-Techniken beherrschen und ihre Rolle optimal ausführen können. Scrum Coaching begleitet durch kritische Phasen und steigert insgesamt die Motivation, Leistungsbereitschaft und Zufriedenheit im Team.

WIE GEHEN WIR MIT NICHTFUNKTIONALEN ANFORDERUNGEN UM?

Nichtfunktionale Anforderungen (auch Rahmenbedingungen oder Constraints genannt) sind wichtige Systemeigenschaften wie z. B. Performanz, Skalierbarkeit oder Benutzbarkeit.

Auch Architekturvorgaben oder innere Qualitätseigenschaften wie Codequalität sind nichtfunktionale Anforderungen. Wichtig bei nichtfunktionalen Anforderungen ist, dass diese testbar formuliert sind.

Nichtfunktionale Anforderungen kann das Scrum Team an zwei Stellen aufnehmen: entweder spezifisch für einen Product Backlog Eintrag in der Form von Akzeptanzkriterien (lokale nichtfunktionale Anforderungen), oder für alle Einträge in Form der „Definition of Done“ (globale nichtfunktionale Anforderungen).

Häufig finden sich beim initialen Erstellen des Product Backlogs viele nichtfunktionale Anforderungen zwischen den funktionalen Anforderungen. Das ist nicht schlimm – wichtig ist nur, dass diese nichtfunktionalen Anforderungen als solche erkannt werden. Manche Teams führen dazu eine extra Spalte beim Product Backlog ein, in die sie die globalen nichtfunktionalen Anforderungen aufnehmen. Die für den Sprint relevanten nichtfunktionalen Anforderungen werden dann in die für den jeweiligen Sprint gültige „Definition of Done“ aufgenommen. Der Vorteil dieser Technik liegt darin, dass von Anfang an die nichtfunktionalen Anforderungen mit im Blick sind und im Produktdesign und in der Systemarchitektur berücksichtigt werden.

WANN WIRD IN SCRUM GETESTET? WIE GEHEN WIR MIT FEHLERN UM?

Testen gehört bei Scrum zu den Aufgaben eines Sprints. Ein Sprint umfasst alle Aufgaben, die notwendig sind, um eine Anforderung aus dem Product Backlog vollständig umzusetzen.

Ein Sprint umfasst Analyse-, Design-, Entwicklungs- und Testtätigkeiten. Nur so wird eine Funktionalität vollständig umgesetzt, so dass sie einen Wert für das Produkt schafft. Dieses Ziel von Scrum wird auch dadurch ausgedrückt, dass davon gesprochen wird, dass das Produktinkrement potentiell auslieferbar sein soll. Dieser Qualitätsanspruch sollte sich in der „Definition of Done" [» Seite 118] ausdrücken, d.h. Qualitäts- und Testanforderungen sollten in der „Definition of Done" aufgeführt werden. In diesem Sinne bemüht sich das Team, alle Testtätigkeit so weit wie möglich im Sprint umzusetzen. Dies erfordert häufig auch eine technische Unterstützung des Testens, z.B. durch automatisierte Tests und einen täglichen Zusammenbau des Produkts („Daily Build").

Fehler, die beim Testen erkannt werden, werden als Aufgaben innerhalb des Sprints behandelt und bearbeitet. Fehler, die erst später entdeckt werden, nimmt das Team typischerweise als Einträge in das Product Backlog auf. Da der Product Owner das bisherige Inkrement abgenommen hat, sind Fehler, die erst später entdeckt werden, im Prinzip neue Anforderungen. Die Fehler werden vom Product Owner wie alle anderen Anforderungen auch priorisiert. Wenn die Beseitigung der Fehler wichtig ist und einen hohen Nutzen hat, wird der Product Owner die entsprechenden Einträge im Product Backlog hoch priorisieren. Ist die Beseitigung der Fehler weniger wichtig (z.B. weil es eine Lösung gibt, um mit dem Fehler umzugehen), dann wird der Product Owner die Einträge entsprechend niedrig priorisieren.

Ggf. ist es sinnvoll, einen eigenen sogenannten „Härtungssprint" zu planen, der sich ausschließlich um die Behebung von Fehlern kümmert. Dies wird häufig vor Releaseterminen gemacht, um die Qualität eines Releases vor seiner Auslieferung gezielt zu verbessern.

WAS IST EIN SPRINT NULL?

Ein Sprint Null ist ein Sprint, in dem das Scrum Team Grundlagen für die eigentliche Arbeit des Teams legt. Dies können z. B. die Entwicklungsinfrastruktur oder Architekturgrundlagen sein. Auch diese Ergebnisse sind Product Backlog Einträge und werden vom Product Owner priorisiert. Bei einem Sprint Null wird ebenfalls ein Sprint Ziel formuliert, werden Anforderungen des Product Owners umgesetzt und wird ein Sprint Review durchgeführt.

Im diesem Sinne unterscheidet sich ein Sprint Null nicht von anderen Sprints. Das einzige, was sich unterscheidet, ist ein Sprint Ziel, das mehr auf Grundlagen und weniger auf das erste Feature fokussiert. Und wenn das Team noch Dinge beschaffen muss – dann sollte der Aufbau der Infrastruktur im Product Backlog stehen. Die einzige Arbeit, die vor dem ersten Sprint passiert, ist das Product Backlog Refinement, um eine Produktvision und ein initiales Product Backlog aufzustellen, so dass mit dem ersten Sprint begonnen werden kann.

Sprint Null ist also kein Sprint vor dem eigentlichen Projekt, sondern das Projekt beginnt die Zählung der Sprints bei Null. Wenn das verwirrend klingt: vergessen Sie den Sprint Null und beginnen Sie mit den wichtigsten Features aus dem Product Backlog.

WAS, WENN WIR DAS SPRINT ZIEL NICHT ERREICHEN?

Es gibt zwei Ursachen, durch die ein Team das Sprint Ziel verfehlen kann.

Zum einen kann das Entwicklungsteam während des Sprints feststellen, dass es sich verschätzt hat und das Erreichen des Sprint Ziels nicht mehr realistisch ist. Zum anderen kann es vorkommen, dass der Product Owner so gravierende Änderungen an den Anforderungen vornimmt, dass er meint, dass das aktuelle Sprint Ziel obsolet geworden ist.

Wenn das Sprint Ziel nicht mehr erreichbar ist – oder seine Erreichung wirtschaftlich nicht mehr sinnvoll ist – wird der aktuelle Sprint abgebrochen. Das klingt hart, ist es aber nicht. Es ist wesentlich logischer, als den gesamten restlichen Sprint in die „falsche Richtung" weiterzuarbeiten. In beiden Fällen (das Team hat sich verschätzt, der Product Owner will etwas anderes), benötigen wir auf alle Fälle eine Sprint Planung. Ebenso ist eine Retrospektive sinnvoll. Warum hat sich das Team verschätzt? Warum ist das aktuelle Sprint Ziel obsolet geworden? Wie können wir dies in Zukunft vermeiden? Eine Sprint Retrospektive und eine Sprint Planung durchzuführen bedeutet in der Praxis nichts anderes, als den aktuellen Sprint zu beenden und einen neuen zu beginnen.

Typischerweise ist es wirtschaftlich nicht sinnvoll, den aktuellen Sprint umzuplanen. Dieser Aufwand ist meist größer als der konsequente Abbruch und die Neuplanung des nächsten Sprints.

Wenn das Team während des Sprints feststellt, dass es noch Kapazitäten hat, weitere Produkt Backlog Einträge umsetzen, kann es diese in Absprache mit dem Produkt Owner nachziehen. Ebenso kann es sein, dass eine Anforderung nicht umgesetzt werden kann. Deshalb gibt es das Sprint Ziel, und deshalb sprechen wir davon, dass das Entwicklungsteam in der Sprint Planung eine Schätzung abgibt, welche Produkt Backlog Einträge es im Sprint umsetzen wird. Auch hier gilt: Zusammenarbeit mit dem Produkt Owner geht vor formalen Vertragsverhandlungen („aber das Sprint Ziel ist doch ...").

WORAN DENKEN BEI AGILEN VERTRÄGEN?

Bei der Gestaltung von Verträgen für die Herstellung von Produkten mit Hilfe von Scrum sind drei grundsätzlich voneinander unabhängige Entscheidungen zu fällen:

1. Wird die Arbeit des Product Owner vollständig vom Auftraggeber übernommen oder wird ein wesentlicher Teil der Arbeit des Product Owners und damit der Festlegung der Produktmerkmale vom Auftragnehmer durchgeführt?

2. Wird ein Festpreis vereinbart oder erfolgt eine Abrechnung nach Aufwand?

3. Wird ein Werkvertrag oder ein Dienstvertrag geschlossen?

1. Wer ist Product Owner?

Im Sinne der Scrum-Werte (enge Zusammenarbeit) ist die Idealform, dass der Auftraggeber die Rolle des Product Owner einnimmt; dies korrespondiert auch mit seiner Rolle als Zahlender. In diesem Fall formuliert und detailliert er die Anforderungen an das zu erstellende Werk selbst und passt die Anforderungen entsprechend der Scrum-Regeln an. Hierdurch erhält der Auftraggeber eine große Flexibilität. Er gewinnt während der Erstellung des Werks durch die Inkremente und Sprint Reviews eine immer präzisere Vorstellung vom Werk und kann die Anforderungen anpassen.

Im Durchschnitt aller Projekte werden ca. 50% der Anforderungen eines Werks während der Herstellung angepasst. Scrum bietet dem Auftraggeber ein pragmatisches Vorgehen für solche Änderungen. Als Alternative kann auch der Auftragnehmer die Anforderungen anstelle des Auftraggebers formulieren bzw. detaillieren und ihm somit die Arbeit erleichtern und teilweise abnehmen. In diesem Fall übernimmt der Auftraggeber einen wesentlichen Teil der Arbeit des Product Owners. Dies hat allerdings den Nachteil, dass der Kunde deutlich weniger in die konkrete Ausgestaltung des Werks einbezogen wird, hierauf auch deutlich weniger Einfluss hat, und die Gefahr besteht, dass das Werk nicht die Erwartungen des Auftraggebers erfüllt.

Erfahrungen zeigen, dass sich viele Auftraggeber anfänglich mit einer engen Einbindung in das Projekt als Product Owner schwer tun, aber nach wenigen Sprints die Rolle ausfüllen und Scrum als ein sehr gutes Vorgehen ansehen. Als Vorteile benennen die Auftraggeber unter anderem: die kontinuierliche Erstellung der Anforderungen statt eines großen Aufwands vorab, die Schärfungsmöglichkeit der Anforderungen und den regelmäßigen sichtbaren Fortschritt, der Vertrauen gibt und motiviert.

2. Festpreis oder Abrechnung nach Aufwand?

Bei einem Festpreis (auch Pauschalpreis genannt) wird ein fester Preis für eine Leistung vereinbart und berechnet, unabhängig vom tatsächlich angefallenen (Zeit-)Aufwand. Bei einer Abrechnung nach Aufwand wird die tatsächlich benötigte Zeit für eine Leistung in Rechnung gestellt.

Durch die Nutzung von Zeitfenstern (Timeboxen) arbeitet ein Scrum-Projekt natürlicherweise mit festen Aufwänden und festen Teams. Dies gilt sowohl für einen Sprint als auch für ein Release. Anforderungen und Ergebnisse werden an die Timeboxen angepasst. Für ein Scrum-Projekt ist daher der Festpreis die „natürliche“ Form der Abrechnung.

Hinweis:
Obwohl es häufig zusammen betrachtet wird, sind Festpreis und Werkvertrag zwei völlig voneinander getrennte Entscheidungen – auch rechtlich. Die Trennung der beiden Aspekte ist ein wichtiger Schlüssel für gute agile Verträge.

zu Frage 3 „Werk- oderDienstvertrag?“

3. Werk- oder Dienstvertrag?

Bei einem Werkvertrag wird mit dem Auftragnehmer ein Vertrag über die Lieferung eines vorab definierten Werks geschlossen. Der Werkvertrag zielt auf ein bei Beauftragung festgelegtes Ergebnis. Der Auftragnehmer verpflichtet sich, dieses Werk gegen eine Vergütung (Festpreis oder Abrechnung nach Aufwand) herzustellen. Während beim Dienstvertrag nur die Erbringung einer durchschnittlich guten Leistung als solcher, ohne Gewähr für das erhoffte oder beabsichtigte Ergebnis geschuldet wird, wird beim Werkvertrag der Erfolg in Form der Ablieferung des vereinbarten Werkes geschuldet. Bei dem Werkvertrag erhält der Auftragnehmer sein Geld dementsprechend erst, wenn er das Werk abgeliefert und der Kunde es für gut befunden hat (Abnahme). Bei einem Werkvertrag ist daher eine klare Vereinbarung nachvollziehbarer und eindeutig prüfbarer Abnahmekriterien notwendig. Auf das gelieferte Werk hat der Auftraggeber eine Gewährleistung von zwei Jahren, wenn es Mängel hat, d.h. nicht die vereinbarten Anforderungen erfüllt.

Im Gegensatz dazu wird bei dem Dienstvertrag die Bezahlung mit Erbringung der Leistungen geschuldet, unabhängig davon, ob die Leistung irgendein Resultat erbracht hat, insbesondere ein Resultat, dass der Auftraggeber nutzen kann. Dementsprechend gibt es folgerichtig auch keine Gewährleistung für Fehler des Ergebnisses, da kein Ergebnis geschuldet wird. Eine sog. Schlechtleistung, d.h. ein Leistung unter Durchschnitt, kann aber Schadensersatzansprüche auf Seiten des Auftraggebers zur Folge haben.

Bei der Entscheidung, welcher Vertragstyp gewählt wird und bei dessen Ausgestaltung ergeben sich eine Reihe von Möglichkeiten. Diese sind von der Flexibilität geprägt, die der Auftraggeber hat bzw. benötigt, um den Nutzen des Produkts während der Entwicklung zu schärfen und zu verbessern. Bei der Vertragsgestaltung stellt sich daher die Frage, wie Flexibilität und Verbesserung des Produkts gegen die Sicherheit abgewogen werden, die fest definierte Anforderungen mit sich bringen.
Im ersten Fall besteht das Risiko, dass der Auftragnehmer auf Grund geringer Fähigkeiten nicht die gewünschten Ergebnisse liefert und trotzdem dafür bezahlt werden muss. Im zweiten Fall besteht das Risiko, dass der Auftraggeber ein Werk erhält, dass zwar die Anforderungen erfüllt, aber dennoch nicht optimal ist, da die Möglichkeiten zu Verbesserungen „unterwegs“ abgewürgt werden und das Produkt entweder trotz Einhaltung der ursprünglichen Vorgaben nicht das erfüllt, was sich der Auftraggeber vorgestellt hat oder aber jedenfalls nicht den optimalen Zustand erreicht.

Drei Lösungsansätze dazu. Und deren Vor- und Nachteile ...

Lösungsansatz 1:

Der Auftraggeber formuliert einen Werkvertrag mit Hilfe eines Pflichtenhefts, dass das zu erstellende Werk definiert. Der Auftragnehmer nutzt Scrum, um das fest definierte Werk herzustellen und übernimmt die Rolle des Product Owners. Diese Vertragsform ist dann sinnvoll, wenn der Auftraggeber sich sicher ist, dass es bei den Anforderungen keine Änderungen geben wird und dass das Werk den Nutzen bringen wird, wenn es genau so wie spezifiziert hergestellt wird. Statistiken zeigen, dass diese Situation nur sehr selten und nur in sehr kleinen Projekten gegeben ist. Eine solche Vertragsgestaltung ist daher nur in wenigen Fällen (wirtschaftlich) sinnvoll. Im Prinzip ist bei dieser Vertragsgestaltung Scrum für den Auftraggeber nicht sichtbar. Der Nutzen von Scrum beschränkt sich im Wesentlichen auf den Auftragnehmer. Er stellt mit Scrum sicher, dass das vorab definierte Werk effektiv und effizient hergestellt wird. Auf den Nutzen von Scrum für den Auftraggeber, das Produkt und seinen Nutzen während der Herstellung schärfen zu können, wird bei dieser Vertragsform verzichtet.

Lösungsansatz 2:
Es wird ein Werkvertrag vereinbart, der das Werk und seine Eigenschaften nur ganz grob definiert. Zugleich vereinbaren die Vertragspartner, dass die Einzelheiten erst im Laufe der Entwicklung im Rahmen der Sprints gemeinsam ausgeformt werden. In diesem Fall spezifizieren anfangs vorrangig die Produktvision und einige wenige prüfbare Nutzungskriterien das Werk – die detaillierten Anforderungen an das Produkt sind hingegen nicht Bestandteil der an das Werk zu machenden Vorgaben.

Das Risiko für den Auftraggeber ist in diesem Fall, dass der Auftragnehmer nicht die erwartete Leistung bringt und am Ende der Entwicklung nicht das gewünschte Werk mit dem vertraglich vereinbarten Nutzen liefert. Der Auftraggeber muss dann zwar u. U. nicht zahlen, hat aber viel Zeit (und evtl. auch Geld) verloren. Insgesamt bietet diese Vertragsform viel Platz für Unklarheiten und Missverständnisse und somit auch für nachträglichen Streit.

Auch dürfte es nur wenige Auftragnehmer geben, die bereit sind, die Ablieferung eines Endwerkes zuzusichern, wenn sie nicht bestimmen bzw. vorhersehen können, wie sie das Ziel erreichen können/müssen.

Daher werden als Werk definiert:

- Ein Teilprodukt:
  Statt das gesamte Werk zu vereinbaren bezieht sich der Vertrag nur auf ein Release oder einen Sprint (z. B. Vereinbarung des Sprint Goals als Erfolg). Es können zunächst auch Verträge über Sprints geschlossen werden, bis der Auftraggeber ein ausreichendes Vertrauen hat, größere Werke (Release, Gesamtergebnis) zu bestellen.
- Die Scrum-Artefakte als Werk:
  Die Scrum Artefakte werden als Liefergegenstände in den Vertrag aufgenommen. Dies stellt sicher, dass Scrum ordentlich durchgeführt wird. Da die ordentliche Durchführung von Scrum der wesentliche Erfolgsfaktor ist, wird durch die Vereinbarung der Scrum Artefakte der Erfolg des Projekts abgesichert.

Während der Herstellung des Werks arbeitet der Auftraggeber als Product Owner und spezifiziert bzw. detailliert kontinuierlich die Anforderungen an das Produkt, prüft die Inkremente und schärft mit den Erkenntnissen aus den Sprint Reviews die Anforderungen und das Produkt.

Gegebenenfalls hat der Auftraggeber zu Beginn eines Scrum-Projekts nicht die Fähigkeiten als Product Owner zu arbeiten. In diesem Fall kann er durch den Auftragnehmer bei der Definition der Anforderungen unterstützt werden. Der Auftraggeber bleibt aber bei dieser Vertragsgestaltung für die detaillierten Anforderungen verantwortlich.

Lösungsansatz 3:
Der Auftraggeber vereinbart einen Dienstvertrag mit Festpreis, typischerweise für einen Sprint. Auch hier arbeitet der Auftraggeber als Product Owner. Diese Vertragsform reduziert den Vertragsaufwand.

Vor- und Nachteile der Lösungsansätze:

Die einfachste Vertragsmöglichkeit ist der Dienstvertrag mit Festpreis (Möglichkeit 3). Er ist dann sinnvoll, wenn zwischen Auftraggeber und Auftragnehmer ein gutes Vertrauen besteht. Im Prinzip ist dies die „natürlichste" Vertragsgestaltung, die auch den Scrum-Prinzipien (Zusammenarbeit vor Vertragsverhandlung) am meisten entspricht. Ein solcher Vertrag hat für den Auftraggeber ein begrenztes Risiko (maximal ein Sprint) und ist einfach umzusetzen. Der Auftragnehmer hat den Vorteil, sein Geld auch zu erhalten, wenn die Erwartungen des Auftraggebers aufgrund der zunächst nur vagen Spezifizierung nicht erfüllt werden.

Ein Werkvertrag über den Nutzen eines Sprints, eines Releases oder des Gesamtprodukts, die dem Auftraggeber die Steuerungsmöglichkeiten als Product Owner lässt, ist eine alternative Vertragsform (Möglichkeit 2). Diese Form setzt ebenfalls die Scrum Prinzipien um und hebt den Nutzen von Scrum (pünktliche Lieferung, größtmöglicher Return On Investment des Produkts). Diese Vertragsform lebt nicht ganz den Geist des agilen Manifests (Zusammenarbeit vor Vertragsverhandlung), aber auf der anderen Seite kann die Verpflichtung auf den Nutzen und die Scrum-Artefakte das Team darin unterstützen, den Fokus auf eine disziplinierte Scrum-Umsetzung zu behalten.

Ein klassischer Werkvertrag mit den detaillierten Anforderungen in einem Pflichtenheft (Möglichkeit 1) beraubt den Auftraggeber faktisch des Nutzens, die das Scrum-Framework bietet. Die Nutzung von Scrum in diesem Vertragskontext hilft vorrangig dem Auftragnehmer-Team, nicht dem Auftraggeber.

FUNKTIONIERT SCRUM AUSSERHALB DER IT?

Scrum gibt „nur" die Struktur für die Zusammenarbeit an einem komplexen Produkt oder Service. Natürlich können Sie auch Ihre nächste Cocktail-Party mit Scrum organisieren. Oder besuchen Sie uns bei einem unserer Scrum-Kochabende. Wenn Sie für die Führung eines Unternehmens verantwortlich sind, werden Sie die folgenden Beispiele interessieren.

Product Owner und Delegation:
Machen Sie als treibender Manager nicht den Fehler, in einem Veränderungsprogramm oder wichtigen strategischen Projekt die Rolle des Product Owners zu delegieren. Bleiben Sie selbst am Ball. Und nicht nur Sie selbst, sondern alle Führungskräfte in der Hierarchie unter Ihnen müssen Vorbild sein, die Veränderung fordern und fördern.

Scrum im Change

Nutzen Sie Scrum in strategischen Projekten und in Change Projekten. Product Owner ist die Führungskraft, von deren Ebene die geplante Veränderung voran getrieben wird. Schneiden Sie Ihren komplexen Wunsch in viele kleine Themen und füllen Sie damit das Product Backlog. Das Entwicklungsteam besteht hier aus einem Kern von Personen, die die gesamte Veränderung orchestrieren und das Sprint Backlog abarbeiten. Ggf. sind für einzelne Themen weitere Sub-Teams zu bilden. Die Größe des Sprint Backlogs richtet sich in diesem Fall auch danach, wie viele Neuerungen ihre Mitarbeiter in einem Monat verkraften können.

Scrum im Büro

Das Backoffice unserer Firma organisiert sich mit Scrum. Ein Mitglied der Geschäftsführung ist Product Owner. Die Mitarbeiter im Büro bilden das Entwicklungsteam. Im Backlog stehen einerseits Visionen der Geschäftsführung (z. B. neuen Monitor für den Empfangsraum auswählen, beschaffen, anbringen) und auch wiederkehrende Dinge, die das Team selbst sammelt und einträgt (z. B. Scrum-Poster nachdrucken lassen). Der Product Owner priorisiert die Items. Das Mitarbeiterteam greift sich die machbaren Items für den nächsten Monat heraus. Das Sprint Backlog dazu steht praktischerweise als Board im Büro.

Ein Beispiel:
Sie möchten mehr Transparenz in Ihre laufenden Projekte, Programme, Arbeitsgruppen, Teams und Initiativen. Ein Aspekt könnte sein, die Berichte in Ihrer Firma zu verbessern. Zu diesem einen Aspekt stehen dann im Product Backlog Items wie beispielsweise „Bessere/einheitliche Berichte erstellen", „Feedback zu Berichten verbessern/etablieren", „Regelmäßige Durchsprachen zwischen Autoren und Lesern etablieren", „Kommunikation der Neuerungen im Berichtswesen", „Ausbildung der Mitarbeiten in den neuen Berichtstechniken" ...

Die Entwicklung eines neuen Berichtsformats kann in einem Sub-Team bearbeitet und über mehrere Sprints hinweg ausprobiert und stichprobenartig pilotiert werden ...

Wenn Sie mehr dazu wissen möchten kontaktieren Sie uns gern zum Thema Sprint Change©.

Scrum im Service

Die Administratoren unserer Firma organisieren sich mit Scrum. Ein Mitglied der Geschäftsführung ist Product Owner. Die Programmierer bilden das Entwicklungsteam. Im Backlog stehen einerseits Visionen der Geschäftsführung (z. B. neue Software für die Angebotserstellung auswählen, beschaffen, dazu Leitfaden für die Berater erarbeiten) und auch wiederkehrende Dinge, die das Team selbst sammelt und einträgt (neue Version des Virenscanners für alle Systeme testen und verteilen). Alle Service-Bedarfe der Mitarbeiter der Firma (Tickets) gelangen als Items in das Product Backlog. Die Programmierer verwenden natürlich ein Tool für die Backlogs.

PASSEN SCRUM UND CMMI ZUSAMMEN?

Viele Leute fragen sich „Passen CMMI und agile Prinzipien zusammen?" Die Antwort ist ein klares „Ja". Doch viele fragen „Wie?"

Die Kunst liegt in der Interpretation von CMMI

CMMI ist eine Sammlung guter Praktiken, die eine professionelle Organisation typischerweise lebt. CMMI beschreibt aber nur „Was" zu tun ist – das konkrete „Wie" der Umsetzung gestaltet jede Organisation selbst. Dieses Finden des eigenen Weges ist gerade der Punkt, um den es CMMI geht. Warum? Weil die Arbeitsweise jeder Organisation auf ihrer Kultur und ihren Werten fußen muss, um funktionieren zu können. Es ist eines der wichtigsten Prinzipien von CMMI, dass Sie es im Lichte Ihrer Organisation und Prinzipien interpretieren. Wenn dies agile Prinzipien sind, dann nutzen Sie diese. CMMI sagt klar und deutlich, dass jede Aussage in CMMI auf Basis „Ihrer organisatorischen Rahmenbedingungen und dem Geschäftsumfeld" ausgelegt werden soll. Damit will CMMI ausdrücken, dass jede Praktik in CMMI mit den Worten „nach Ihren organisatorischen Prinzipien" zu ergänzen ist.

Wenn Sie eine agile Kultur leben, dann fügen Sie das an. CMMI fragt z. B.: „Wie gehen Sie vor, um Ihr Projekt zu planen?" Lesen Sie das als: „Wie gehen Sie vor, um Ihr Projekt zu planen – entsprechend Ihrer agilen Prinzipien?". Nun, mit Scrum haben Sie eine sehr gute Antwort darauf.

Die „Wie gehen Sie vor?"-Fragen von CMMI helfen Ihnen die Lösungen zu hinterfragen, die Sie leben.

So können Sie:

- Nützliche aber fehlende Aktivitäten identifizieren. CMMI fragt z. B.: „Wie gehen Sie vor, um Risiken zu erkennen und zu behandeln – entsprechend Ihrer agilen Prinzipien?" Vielleicht tun Sie das nicht in Ihrem Projekt und so kommen Sie auf die Idee, dass es eine gute Idee wäre, Risiken im Impediment Backlog aufnehmen.

- Lücken in der Umsetzung bezüglich Ihrer organisatorischen Prinzipien identifizieren. Vielleicht erkennen Sie, dass Sie zwar etwas tun, es aber nicht Ihren agilen Prinzipien entspricht.

- Große Verbesserungen in kleine Teile herunterbrechen. Wenn Sie z. B. herausfinden, dass ein organisatorischer Verbesserungs-Zyklus hilfreich wäre, dann stellen Sie sich vielleicht die Frage „Was sind die ‚Teile' eines solchen Zyklus? CMMI gibt Ihnen eine Hilfestellung, indem es eine Reihe von Praktiken aufführt, die einen solchen Verbesserungs-Zyklus ausmachen. Diesen können Sie dann mit agilen Methoden implementieren.

- Verbesserungen priorisieren. Die Reifegrade von CMMI – oft als Zertifizierungsstufen falsch verstanden – sind einfach eine Priorisierung der Verbesserungen, wie wir dies von jedem Backlog her kennen. Wenn Sie ein Impediment haben, das Sie dem Reifegrad 2 zuordnen, so hat die Verbesserung dieses Impediments vermutlich einen höheren ROI als von einem Impediment, das Sie dem Reifegrad 3 zuordnen. Wenn Sie anders priorisieren würden, dann tun Sie das. Es ist eine Hilfe, nicht mehr und nicht weniger.

Fazit: Mit den „Wie gehen Sie vor?"-Fragen ist CMMI wie ein (agiler) Coach. CMMI führt auf, „Was" eine effektive und effiziente Organisation in der Regel tut. Scrum bietet gute Lösungen für das „Wie" der Planung und Durchführung von Projekten.

So passen Scrum und CMMI nahtlos zusammen. Während CMMI u. a. gute Praktiken beim Projektmanagement aufführt, stellt Scrum Techniken bereit, um dies konkret zu tun. Scrum ist demnach eine konkrete Umsetzung von CMMI für eine Organisation, die auf agilen Werten basiert.

Scrum und CMMI bringen sich gegenseitig weiter

CMMI und Scrum sind eine hervorragende Ergänzung zueinander. Agile Organisationen können die Gestaltung ihres Unternehmens neben der Projektarbeit mit Hilfe von CMMI weiterdenken. Umgekehrt können Organisationen mit einer eher klassischen Umsetzung von CMMI durch Scrum agile und leichtgewichtige Lösungen etablieren. Dennoch gibt es viel mehr, was eine (agile) Organisation ausmacht, z. B. „Was ist die Aufgabe des Managements? Wie läuft die Entwicklungsarbeit ab?" CMMI bietet Ihnen die „Wie gehen Sie vor?"-Fragen auch für diese Themen. Damit haben Sie eine Orientierung, mit der Sie weit über Scrum hinaus Ihre Organisation weiterentwickeln können. Immer mit Ihren agilen Prinzipien als Leitfaden für die Gestaltung von agilen Lösungen für das „Was", das CMMI aufführt.

WIE LÄUFT SCRUM IN SERVICE- ODER DEVOPS-TEAMS AB?

SOFTWARE-
ENTWICKLUNGS-
PROJEKT

Agilität ist ein Fundament aus Werten und Prinzipien, auf dem die Rahmenwerke für diverse Teams – also auch Service- oder DevOps-Teams – aufgebaut werden können.

DevOps steht für Development & Operations. Damit werden Teams bezeichnet, die sowohl Entwicklungs- als auch Service-Aufgaben haben.

Scrum ist nicht nur in der Entwicklung, sondern auch im Service- und DevOps-Umfeld wertvoll. Die Komplexität eines verlässlichen Services ist mindestens ebenso groß wie die von Entwicklungen. Deshalb ist auch der Nutzen von Scrum bei Service-Teams ähnlich groß wie bei den Entwicklungsteams. Dies gilt um so mehr für DevOps-Teams, die sowohl Entwicklungs- als auch Service-Aufgaben erledigen. Service-Teams wie z. B. IT-Betrieb oder Sales haben interne oder externe Kunden, die sie schnell und gut bedienen müssen. DevOps-Teams arbeiten darüber hinaus an der Weiterentwicklung der Produkte.

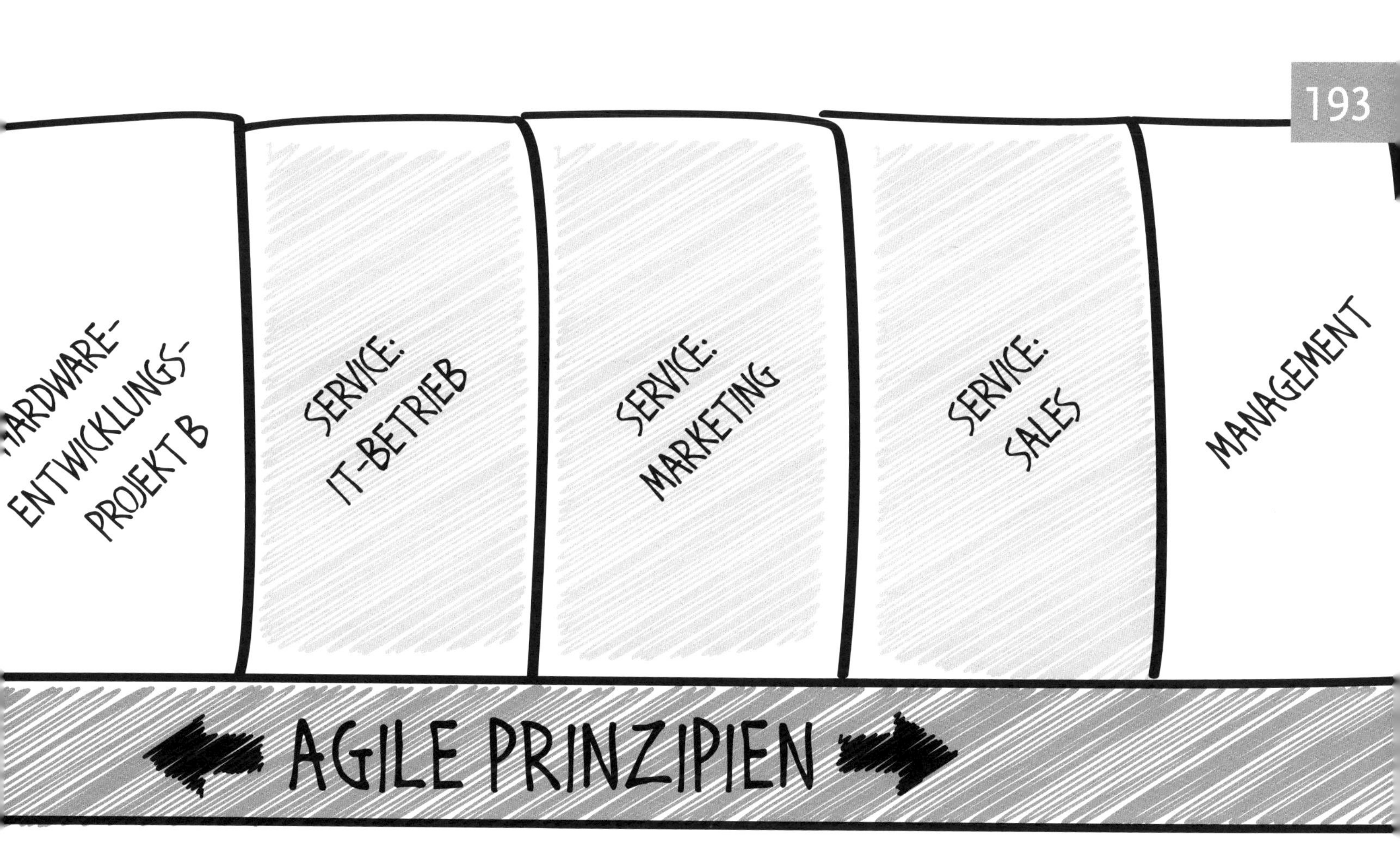
HARDWARE-
ENTWICKLUNGS-
PROJEKT B
SERVICE:
IT-BETRIEB
SERVICE:
MARKETING
SERVICE:
SALES
MANAGEMENT
AGILE PRINZIPIEN

Es gibt zwei grundsätzliche Unterschiede in der Arbeit von Service- und DevOps-Teams gegenüber Teams, die sich ausschließlich auf Entwicklungsaufgaben fokussieren:

Quellen von Aufgaben:
Entwicklungsteams haben einen über den Sprint planbaren Ablauf und ein festes Sprint Ziel. Sie haben ein Product Backlog als Input. Service- und DevOps-Teams hingegen haben, neben solchen planbaren Aufgaben, auch unplanbare Kundenanfragen (service requests) und Incidents. Service- und DevOps-Teams haben daher zwei Quellen für Aufgaben. Die Balancierung dieser beiden Quellen ist eine der typischen Herausforderungen jedes Service- und DevOps-Teams.

Art der Komplexität:
Serviceaufgaben sind wesentlich wiederholbarer als Entwicklungsaufgaben. Die Komplexität bei Services liegt in einem schnellen, verlässlichen und wiederholbaren Service – also mehr im System und weniger in der einzelnen Aufgabe.

Unterschiede in den Scrum-Flow-Elementen

Rollen

Scrum for Services hat vier Rollen. Drei Rollen entsprechen dem Scrum for Development-Rahmenwerk, allerdings mit kleinen spezifischen Service-Aspekten. Hinzu kommt die Rolle des Kunden.

- Product Owner: pflegt das Product Backlog, ist für die strategische Weiterentwicklung der Services oder der Produkte verantwortlich und ordnet die Product Backlog Einträge.
- Kunde (und nur er): stellt Kundenanfragen und Incidents.
- Service- bzw. DevOps-Team: erbringt Services, entwickelt Services oder Produkte weiter.
- Scrum Master: keine Unterschiede. Er ist für den Prozess verantwortlich, moderiert ihn, schützt das Team und kümmert sich um die Hindernisse.

Hilfsmittel

Scrum for Services hat vier Hilfsmittel. Drei davon entsprechen dem Scrum for Development-Rahmenwerk. Hinzu kommt die Service Request Queue.

- Product Backlog: eine sortierte Liste aller Features, die bei den Services oder Produkten neu zu entwicklen sind.
- Service Request Queue: die sortierte Liste aller Service Requests und Incidents, die der Kunde gestellt hat.
- Sprint Backlog: prognostizierte Product Backlog Einträge und die Aufgaben zur Umsetzung.
- Inkrement: das den Kunden bedienende Service-System mit Menschen, Technologien und Abläufen.

Ereignisse

Der Zyklus und die Events sind bei Scrum for Services dieselben wie bei Scrum for Development.

- Sprint Planung: In der Sprint Planung wird eine Prognose über die möglichen zu liefernden Product Backlog Einträge erstellt und die Aufgaben zu den Product Backlog Einträgen geplant. Die Velocity des Teams, also die Anzahl der Story-Points, die ein Team in einem Sprint erledigt, wird inklusive der Menge der Kundenanfragen/Incidents berechnet. Auf diese Weise berücksichtigt die Prognose auch die wahrscheinliche Menge der im Sprint zu bearbeitenden Kundenanfragen.
- Daily Scrum: In der produktiven Phase des Sprints stimmt sich das Team im Daily Scrum ab, indem jeder die drei üblichen Fragen beantwortet. Der wesentliche Unterschied liegt in der Handhabung des Scrum Boards.
- Sprint Review: Jeder Sprint schließt mit einem Sprint Review ab. Wie beim Scrum for Development ist dies ein Review der konkreten Produkte. Hierbei ist es wichtig, die Services als Produkte zu verstehen. Die Product Backlog Einträge sind die erfahrbaren Eigenschaften („Features") dieser Produkte. Im Service-Umfeld sind diese häufig breiter gefächert als in der Entwicklung. Jeder Product Backlog-Eintrag hat seine eigenen „Akzeptanzkriterien". Zusätzlich gibt es die allgemeine „Definition of Done", die den Service Level definiert. Das Sprint Review hat sich bewährt, um gemeinsam im Team die Weiterentwicklung der Service-Produkte zu besprechen. Dies ist ein unschätzbarer Wert für die strategische Entwicklung der Services.
- Sprint Retrospektive: Nach dem Sprint Review folgt die Sprint Retrospektive, bei der das Scrum Team seine Arbeitsweise betrachtet und Verbesserungen initiiert.
- Sprint: Sprints bei Scrum for Services sind tendenziell länger als bei Scrum for Development, da nur ein Teil der Arbeitszeit für Product Backlog Einträge zur Verfügung steht. Die Sprintlänge beträgt aber nicht mehr als 30 Tage.

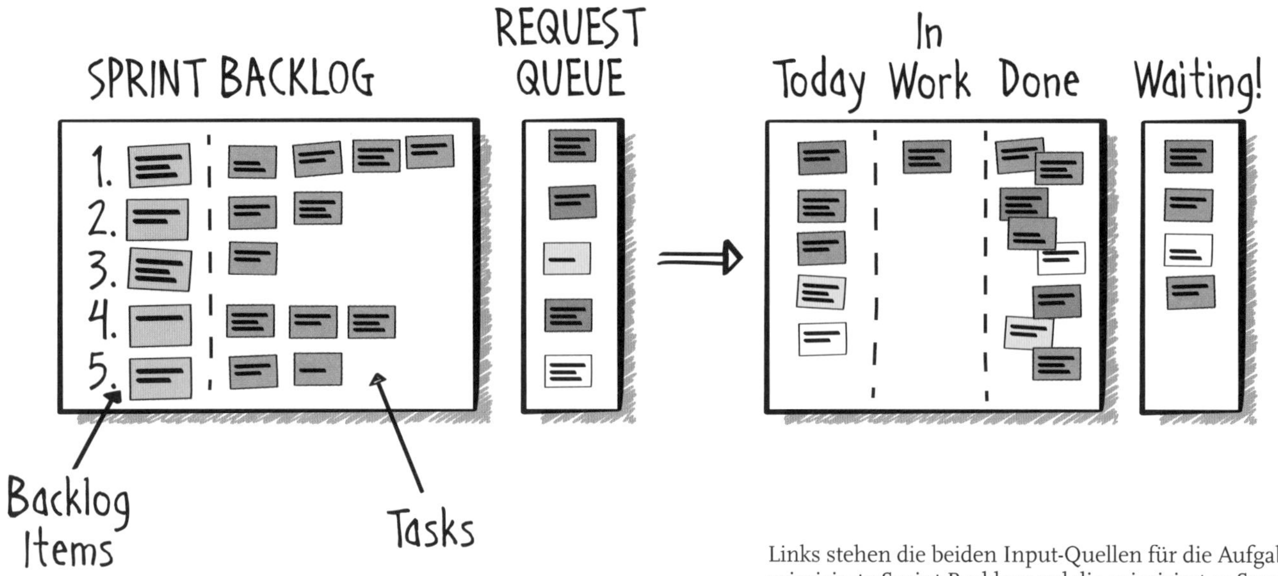

Zur übersichtlichen Darstellung, sowohl der im Sprint geplanten Aufgaben als auch der nicht planbaren Kundenanfragen, ist eine Erweiterung des klassischen Scrum Boards um ein Kanban Board nützlich.

Links stehen die beiden Input-Quellen für die Aufgaben: das priorisierte Sprint Backlog und die priorisierten Service Requests.

Rechts das Kanban-Board zur Bearbeitung der Aufgaben. Im Daily Scrum hängt das Team diejenigen Aufgaben in die „Today“-Spalte, die sich das Team für den Tag aus dem Sprint Backlog und der Request-Queue vorgenommen hat.

In der „In Work“-Spalte stehen die Aufgaben, die gerade bearbeitet werden. Die „Done“-Spalte beinhaltet Aufgaben, die bereits abgearbeitet wurden. In die „Waiting“-Spalte gelangen Aufgaben, bei denen das Team auf Antworten anderer (z. B. von Kunden) wartet.

Beim Daily Scrum werden bei dem Bericht über die erledigten Aufgaben die Karten in der „Done“-Spalte vom Board entfernt. Im Sprint Backlog sind die Backlog Einträge rosa und die Aufgaben dazu auf grünen Karten. In der Service Request Queue sind Kundenanfragen orange, Aufgaben des Schulungsmanagements gelb und andere Incidents weiss. Diese Farbkodierung hilft den Überblick zu behalten und die Priorisierung deutlich zu machen.

Unser Ansatz bei Scrum for Services war es, das Rahmenwerk von Scrum auch auf Service- und DevOps-Teams zu übertragen. Unsere feste Überzeugung ist, dass die Scrum-Werte genauso für Service- und DevOps-Teams gelten. Unsere Erfahrung zeigt, dass die klassischen Scrum-Techniken für Service- und DevOps-Teams nur um Kanban-Techniken ergänzt werden müssen.

Das Sprint Zeitfenster und die Ereignisse des Sprintwechsels haben sich als besonders wichtige Ergänzung zu üblichen Betriebsprozessen und Kanban erwiesen:

- Retrospektive: Die Retrospektive ist für die empirische Prozesskontrolle hilfreich. Das Sprint Zeitfenster stellt sicher, dass das Team die Retrospektiven regelmäßig macht.
- Sprint Planung und Sprint Review: Sprint Planung und Sprint Review helfen, die eigenen Services und Produkte sicher weiter zu entwickeln und die Ergebnisse dieser Entwicklung zu überprüfen. Das Sprint Zeitfenster hilft dabei die Ergebnisse auf den Punkt zu liefern und immer wieder zu überprüfen, ob die richtigen Services angeboten werden.

Gleiche Prinzipien – zusätzliche Techniken.

Scrum for Services stellt ein Scrum-Rahmenwerk für Service- und DevOps-Teams dar, das sich seit mehreren Jahren bewährt hat. Scrum for Services ist ein erfahrbarer Wettbewerbsvorteil.

Scrum for Services:
- erhöht Effektivität und Effizienz,
- setzt schnell strategische Entscheidungen um,
- ermöglicht schnell Änderungen an Services umzusetzen,
- passt zu einer zeitgemäßen Arbeitskultur.

Scrum for Services zeigt uns, dass die Werte und das Rahmenwerk von Scrum auch auf Service- und DevOps-Teams übertragbar und wertvoll sind. Allerdings sind Techniken und Inhalte an vielen Stellen anders als beim Scrum for Development. Mit viel Erfahrung wurde inzwischen ein Scrum for Services-Rahmenwerk ausgearbeitet, das kontinuierlich weiterentwickelt wird.

Fazit.

WIE SKALIERT SCRUM?

Scrum ist für Teams mit einer Größe von fünf bis neun Personen gedacht. Scrum skaliert, indem man für größere Projekte mehrere Scrum Teams aufsetzt.

Jedes der Scrum Teams nutzt das Scrum Rahmenwerk: es gibt für jedes Team genau einen Product Owner und einen Scrum Master.

Die Product Owner haben die Verantwortung, ein gemeinsames Product Backlog zu führen. Sie bilden zusammen ein Product Owner Team. Zusammen ordnen sie das Product Backlog. Für die Product Backlog Einträge, die für den nächsten Sprint in Frage kommen, entscheidet das Product Owner Team, welches der Scrum Teams den jeweiligen Product Backlog Eintrag umsetzen soll. Das Product Owner Team bildet also aus dem Gesamt-Product Backlog einzelne Product Backlogs für die jeweiligen Scrum Teams.

Da die Product Owner ein Team bilden, haben Sie auch einen Scrum Master, der sie bei der Arbeit und ihrem Scrum-Prozess unterstützt und sie haben einen Chief Product Owner, der die letzte Verantwortung für das Product Backlog und seine Ordnung hat. Das Product Owner Team ist also auch ein Scrum Team.

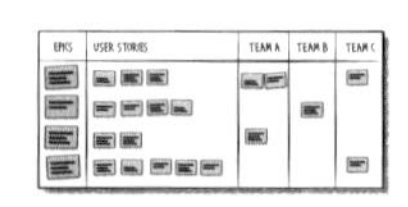

Bei der Ordnung großer Product Backlogs haben sich sogenannte Epics bewährt. Ein Epic ist eine umfangreiche User Story, die in weitere detailliertere User Stories zerlegt wird. Ein Release Board kann helfen, die Epics und zugehörigen User Stories des aktuellen Releases zu organisieren. Das Release Board ist ähnlich wie ein Sprint Board aufgebaut – allerdings auf einer Abstraktionsstufe höher. Auf der linken Seite stehen die Epics, die im Release umgesetzt werden sollen. Auf der rechten Seite stehen die User Stories, die zur Umsetzung des Epics notwendig sind. Dann kommen die Spalten für die Sprints der einzelnen Scrum Teams – die ist sozusagen die „In Work"-Spalte.

Die Scrum Master treffen sich, um zu besprechen, wie sie organisatorische Hindernisse lösen, um gute Praktiken auszutauschen und um ein gemeinsames organisationsweites Verständnis der agilen Arbeit herzustellen. Dazu arbeiten sie als Team zusammen, unterstützt vom Chief Scrum Master und ggf. dem (Chief) Product Owner.

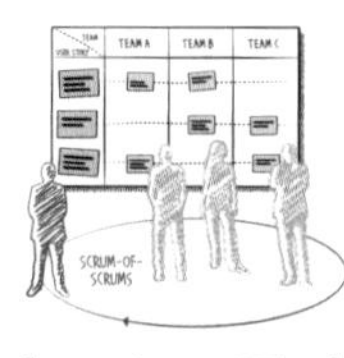

Bei einer solchen komplexen Zusammenarbeit kommt es vor, dass Aufgaben der einzelnen Scrum Teams die Mitarbeit von anderen Scrum Teams benötigen. Hier hilft ein Scrum-of-Scrums Ereignis. Einmal täglich treffen sich Vertreter der Scrum Teams, um Aufgaben, die die Mitarbeit anderer Teams benötigen, zu besprechen. Auf einem Scrum-of-Scrum Board identifiziert das Scrum-of-Scrum Team die Product Backlog

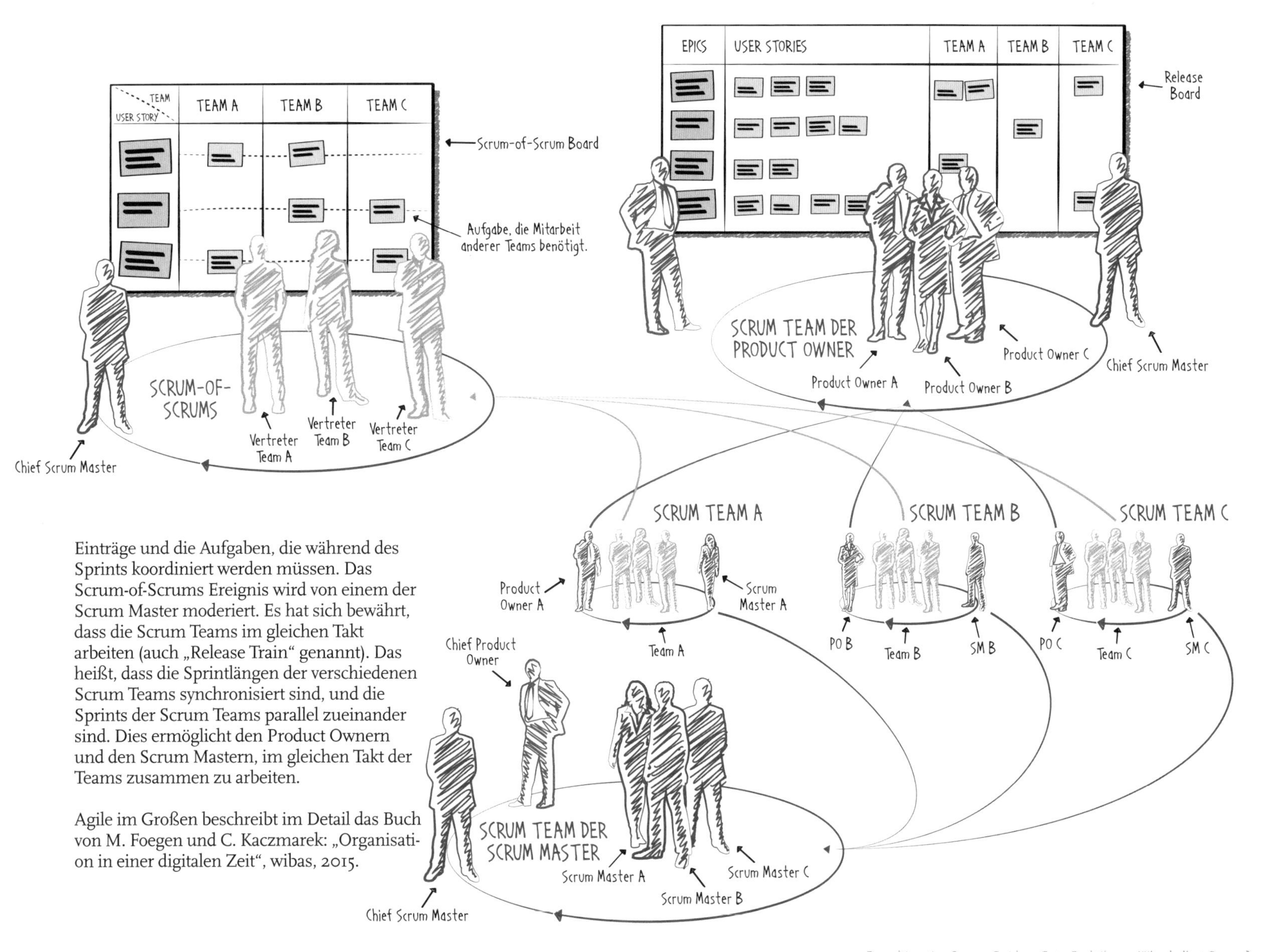

Einträge und die Aufgaben, die während des Sprints koordiniert werden müssen. Das Scrum-of-Scrums Ereignis wird von einem der Scrum Master moderiert. Es hat sich bewährt, dass die Scrum Teams im gleichen Takt arbeiten (auch „Release Train“ genannt). Das heißt, dass die Sprintlängen der verschiedenen Scrum Teams synchronisiert sind, und die Sprints der Scrum Teams parallel zueinander sind. Dies ermöglicht den Product Ownern und den Scrum Mastern, im gleichen Takt der Teams zusammen zu arbeiten.

Agile im Großen beschreibt im Detail das Buch von M. Foegen und C. Kaczmarek: „Organisation in einer digitalen Zeit“, wibas, 2015.

WAS IST MIT DEM

In Scrum gibt es statt einem Projektleiter die drei Rollen Product Owner, Entwicklungsteam und Scrum Master. Was ist bei einer Transition zu Scrum die ideale Scrum-Rolle für einen Projektleiter? Hierauf gibt es keine pauschale Antwort. Der Übergang zu einer der Scrum-Rollen sollte immer auf der individuellen Persönlichkeit eines Menschen beruhen:

Ist der Projektleiter eine gute Führungskraft, die die Richtung vom Produkt vorgibt? Die das Projekt nach außen vertritt und Workshops mit Kunden organisiert? Dann ist vielleicht Product Owner die richtige Rolle.

Ist der Projektleiter eine gute Führungskraft, die von hinten führt? Die das Team planen lässt und Hindernisse beseitigt? Dann ist vielleicht Scrum Master die beste Rolle bei Scrum.

Oder ist der Projektleiter jemand, der schnell aus Anforderungen einen Umsetzungsplan entwickelt, der selber gerne codiert hervorragende Lösungs- und Architekturideen hat? Dann ist vielleicht Mitglied des Entwicklungsteams die perfekte Scrum-Rolle.

MANAGEMENT?

Ähnliches gilt für die Transition der Management-Rollen. Product Owner und Scrum Master sind auch hier naheliegende Rollen, wobei die Transition personenabhängig ist, ähnlich wie bei Projektleitern. In skaliertem Scrum ist ggf. die Chief Product Owner Rolle oder die Chief Scrum Master Rolle die richtige neue Position für einen Manager.

Gibt es in einer skalierten agilen Organisation noch „klassische" Manager? Kaum. Die Definition der Strategie? Liegt vermutlich beim Team der Chief Product Owner zusammen mit der Geschäftsführung. Die Schaffung adäquater Rahmenbedingungen? Liegt vermutlich beim Team der Chief Scrum Master zusammen mit der Geschäftsführung. Übrig bleibt die Mitarbeiterentwicklung, die nicht beim Product Owner oder Scrum Master liegen sollte. Hierfür ist häufig ein Team bei HR zuständig. Egal wie die Transition ausfällt – auf alle Fälle ist es wichtig, dass die Führungskräfte (Product Owner, Scrum Master, Chief Product Owner, Chief Scrum Master) eine Ausbildung bekommen, die agile Führungspraktiken vermittelt.

Wie kann das Management für eine solche Transition und für die aktive Unterstützung einer solchen agilen Organisation gewonnen werden?

Indem die Führungskräfte wie alle anderen Mitarbeiter der Organisation bei dem gepackt werden, was Menschen motiviert:

- Autonomie etwas tun und entscheiden zu dürfen.
- Meister sein in etwas, das man tut.
- Sinn in dem, was man tut.

Die Frage ist also nicht, was das Management für agile Transition tun kann – wie es viele Scrum-Begeisterte immer wieder fordern – sondern was agile Transition für das Management tun kann.

WAS IST EINE COMMUNITY OF PRACTICE?

In skalierten Scrum Umgebungen [» „Wie skaliert Scrum?“ auf Seite 198] nutzen wir Communities of Practice – auch „Guild“ oder „Chapter“ genannt – um die Arbeit an gemeinsamen Themen zu organisieren. Hierzu gehört z. B. die Arbeit der Tester oder die Arbeit der Web-Entwickler. An einer Community of Practice beteiligten sich die Mitarbeiter eines Kompetenzfelds.

Sinn und Zweck einer Community of Practice ist es, gemeinsame Probleme zu lösen, gute Praktiken herauszuarbeiten und gemeinsames Wissen im Kompetenzfeld zu entwickeln. Jede Community of Practice trifft sich regelmäßig, um an den gemeinsamen Themen zu arbeiten. Tipps für gut funktionierende Communities of Practice:

Voraussetzungen

1. Wille
   Es braucht jemanden, der vorangeht. Einer muss „die Fahne tragen", sich für die Community einsetzen, sie wirklich wollen und brauchen, bei der Führung dafür kämpfen.
2. Schutz
   Es braucht jemanden im höheren Management, der die Community unterstützt. Ein Vorgesetzter, der weiß, was da passiert und der dafür sorgt, dass die Community nicht von der Seite vorsätzlich oder versehentlich weggefegt wird.
3. Bedürfnis
   Es braucht eine gemeinsames, geteiltes Bedürfnis. Ideal ist etwas Positives, auf das die Leute hinarbeiten wollen, und nicht nur etwas, wovon sie weg wollen.

Erfolgsfaktoren

Wesentlich für das Funktionieren der Community ist, dass die Teilnehmer, die freiwillig kommen und daher immer eine Wahl haben, ob sie wiederkommen, jedes Mal für sich einen individuellen Nutzen erleben. Dieser Nutzen kann in Wissen, Vernetzung, Wertschätzung, Entspannung, ... oder einer Kombination daraus bestehen. Wenn die Community läuft, dann haben sich diese sechs Elemente von Communitytreffen als sehr nützlich erwiesen:

1. Praxisvortrag zu Erfolg und Misserfolg
   Wenig Breite, viel Tiefe an einer konkreten Stelle.
   Davon profitieren die Zuhörer.
2. Themensammlung
   Gemeinsam mit den Teilnehmern erarbeiten, worum es in den Treffen der Community gehen soll.
3. Kaffeepause
   Klingt banal und ist immens wichtig. Darf nicht zugunsten aus dem Ruder laufender Vorträge beschnitten werden.
4. Diskussion mit Führungsvertreter
   Gut sind Fishbowl-artige Settings, in denen der Manager und die Communitymitglieder offen sprechen können. Inhalte sollten nicht protokolliert werden.
5. Arbeiten
   Während der Treffen sollte immer etwas erarbeitet werden: Checklisten, Priorisierungen, Ideensammlungen eignen sich dafür gut.
6. Retrospektive
   Am Ende eines jeden Treffens bietet die Retrospektive Gelegenheit zum gemeinsamen Lernen. Feedback wird gegeben und es kommen Hinweise zu weiteren Themen.

Nicht alle müssen jedes Mal spürbar sein, aber vier der sechs fühlen sich einfach besser an.

WIE FUNKTIONIERT EINE SCRUM TRANSITION?

Scrum Transition bezeichnet die organisationsweite Einführung von Scrum. Dies ist deutlich komplexer als die Einführung von Scrum in einem Team und kann viele Fragen aufwerfen, die über die reine Nutzung von Scrum in einigen Teams hinausgeht.

Beispiele für solche Fragen sind: Wie passen die Werte von Scrum zu unserer Unternehmenskultur? Wie ändert sich die Rolle des Managements? Wie arbeiten Entwicklung und Betrieb agil zusammen? Was wird aus der Rolle des Projektleiters? Wie passen Selbstorganisation und Unternehmensstandards zusammen?

Die organisationsweite Einführung von Scrum ist eine große Aufgabe. Aber auch hierfür gibt es bewährte Praktiken. Grundsätzlich sind die Schritte für eine organisationsweite Einführung von Scrum – bzw. von agilen Techniken:

1) Standortbestimmung
Zusammen mit der Organisation wird ein gemeinsames Bild vom „Ausgangspunkt“ geschaffen: Wie ist die aktuelle Arbeitsweise? Welche Herausforderungen gibt? Wie weit wird schon Scrum genutzt? Ein solches gemeinsames Bild hilft, diese und andere Fragen zu beantworten. Außerdem werden verschiedene Perspektiven unterschiedlicher Rollen (z. B. Teams, Management) zu einem gemeinsam Bild zusammengeführt. Damit weiß die Organisation, wo sie steht.

2) Gemeinsames Bild von Scrum
Ein gemeinsames Bild von Scrum bzw. von der agilen Organisation holt alle Beteiligten ab und schafft ein wünschenswertes Bild der Zukunft. Damit weiß die Organisation, wo sie hin will.

3) Ausbildung
Je nach Kenntnisstand der Organisation hilft eine Ausbildung in Scrum oder agilen Techniken, die einzuführende Technik besser zu verstehen. Dies baut Hürden ab. Dazu gehört auch eine Ausbildung der Führungskräfte, damit sie die Transition zu Scrum und den entsprechenden Werten unterstützen können.

4) Erste Schritte

Aus der Standortbestimmung und dem Zielbild ergeben sich die ersten Schritte. Vielleicht gibt es schon ein Scrum Team und ein zweites Projekt möchte Scrum nutzen? Oder Scrum ist noch völliges Neuland und ein Pilotprojekt ist das richtige? Die ersten Schritte sind immer spezifisch für die jeweilige Situation. Aber nachdem man den eigenen Standort und das Zielbild bestimmt hat, fällt es meistens allen Beteiligten leicht, die ersten Schritte zu identifizieren. Bei der organisationsweiten Einführung von Scrum gilt das gleiche wie bei der Einführung in einzelnen Teams: „Plan, Do, Check, Act“. Ein iteratives und inkrementelles Vorgehen macht die ersten Schritte leicht und führt sicher zum Ziel.

5) Multiplikation

Ein Multiplikationsprozess hilft dabei, die gemachten Erfahrungen schnell in der Organisation zu verbreiten. Dies beschleunigt den Transitionsprozess ungemein. Eine solche Multiplikation kann z. B. ein Scrum Competence Center sein, das mit erfahrenen Scrum Coaches die Projekte unterstützt, die Scrum einführen wollen [» „Wie beginne ich mit Scrum?“ auf Seite 174]. Zum Multiplikationsprozess kann auch eine institutionalisierte Wissensweitergabe wie z. B. Organisations-Retrospektiven gehören, die gute Praktiken aus einem Team in der Organisation multipliziert.

6) Führung

Ein effektive Scrum Transition funktioniert dann besonders gut, wenn es eine sichtbare Unterstützung vom Top-Management dafür gibt. Wenn sich das Management über seinen Führungsprozess regelmäßig um die Scrum Transition kümmert, Behinderungen beseitigt und mutige Entscheidungen trifft, dann kann dies die benötigte Zeit der Transition halbieren.

7) Kommunikation

Eine aktive und zweiseitige Kommunikation über die Scrum Transition unterstützt ganz konkret eine positive Grundhaltung in der Organisation. Außerdem hilft die Information jedem Einzelnen in der Organisation, im Sinne des gemeinsamen Ziels gute Entscheidungen zu treffen.

8) Wirkung verfolgen

Eine kritische Überprüfung der Scrum-Praxis in den einzelnen Teams macht den Fortschritt sichtbar und ermöglicht die Erkennung organisatorischer Behinderungen. Dies kann z. B. über einen organisatorischen Austauschprozess, über Scrum Master-Hospizen erfolgen. Die Verfolgung der Umsetzung in den Teams ist ein wesentliches Element eines „Plan, Do, Check, Act“-Zyklus der Transition.

9) Transition Scrum

Um die Maßnahmen der Scrum Transition zu organisieren, hilft nichts besser als Scrum selbst. Die Scrum Transition ist selbst ein Scrum-Projekt.

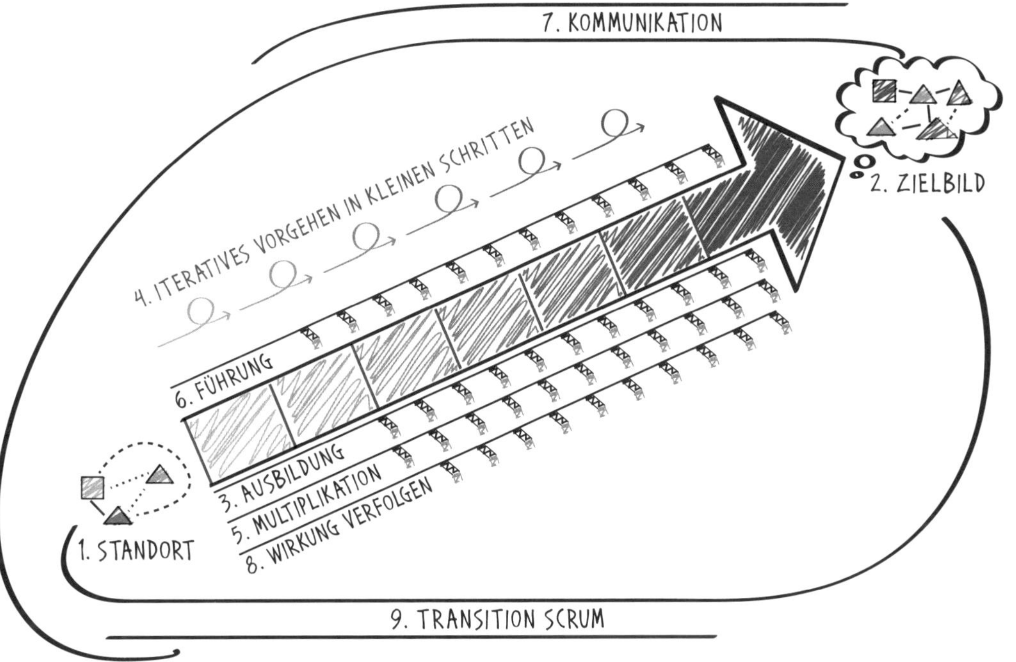

AGILE CHANGE – SCRUM IM GROSSEN

„Scrum ist angesagt, weil es funktioniert. Aber Scrum nur anzusagen funktioniert nicht!"

Ein Praxisbericht von Stefan Waschk, Leiter des Agile Center of Excellence in der Konzern IT der Volkswagen AG.

In der Konzern IT der Volkswagen AG nutzen wir Scrum, um die sich stetig wandelnden, neuen Anforderungen so effektiv wie möglich zu lösen. Die Zahl unserer Fahrzeugmodelle hat sich in den letzten zehn Jahren mehr als verdoppelt – mit allen Konsequenzen für eine global agierende Konzern IT.

Seit 2009 wächst unsere Agile Community immer schneller: Was als Netzwerk- und Austauschgremium der „frühen Agilisten" begann, ist inzwischen als Legislative einer konzernweiten, agilen Governance durch unseren CIO bestätigt und gefördert.

Unser Ziel ist es, einen agilen Produkt-Entstehungsprozess (IT-PEP agil) für Software zu gestalten– ohne Ballast für uns in unseren Projekten. Das erreichen wir über die Einbindung aller Projektbeteiligten, vom Entwickler bis hin zum Betrieb. Der agile IT PEP schärft sich iterativ weiter und das direkte Feedback unserer Community hilft dabei, kein „Fett" anzusetzen.

Unsere Partnerfirmen engagieren sich ebenfalls. Vor kurzem haben wir gemeinsam unsere 25. Community gefeiert – aber nur kurz, denn das Community-Backlog muss natürlich abgearbeitet werden. Die operative Zeit der Experten von der „Projektfront" ist unser kostbarstes Gut, doch der Invest von einem Teil dieser Zeit in eine Community ist sinnvoll angelegt.

Natürlich stoßen auch wir an die Grenzen etablierter Zusammenarbeitsmodelle. Das bringt – wie überall anders auch – die hohe Komplexität großer Projekte mit sich. Agiles Vorgehen bewährt sich dabei, diese Komplexität zu verringern und hilft allen beim Fokussieren auf die „richtigen" Dinge. Das führt schneller zu nachweislich noch besseren Ergebnissen.

Für Agilität muss Raum geschaffen und möglichst viel Transparenz erzeugt werden. Dafür haben wir das Agile Center of Excellence (ACE) und unseren Top-Management-Promotor. Das ACE-Kernteam besteht aus erfahrenen Praktikern, die in Erstgesprächen den notwendigen Rahmen für Scrum in der Organisation klären und dann im Lotsen-Prinzip die Scrum Transition betreuen. Unser Anspruch ist einfach: Scrum nachhaltig einführen!

Meine wichtigste Erfahrung dabei ist, dass sich Agilität nicht befehlen lässt. Die Scrum Rituale alleine erhöhen zwar die Steuerbarkeit von Projekten, aber wie es im „Cargo Cult Pattern" anschaulich beschrieben wird, bleibt der vollständige Nutzen agiler Methoden ohne echtes „Commitment" aller Beteiligten aus. Sowohl die Teams, als auch die Manager und Stakeholder müssen sich ehrlich darauf einlassen. Erst mit diesem Mandat startet die agile Transition. Vor dem Nutzen des „Agile Business Case" liegt der „Agile Change". Der Umstieg auf Scrum ist also ein echter Change Prozess!

Aus den Projekten, die das ACE betreut, wissen wir, dass sich dieser Change bereits im ersten Jahr für ein Projekt rechnen kann. Schon in der Pilotierungsphase haben wir bewiesen, dass wir die Transition im laufenden Projektgeschäft auch in schwierigen Situationen erfolgreich und reproduzierbar durchführen können. Scrum passt also gut zu uns – genau wie die Art, wie wir Scrum leben:

Als Pull-Prinzip unserer Basis mit Mandat unseres Top Managements.

208 HAT SCRUM RISIKEN?

Scrum hilft bei komplexen Projekten, weil es iterativ und inkrementell an die Aufgaben herangeht und konstruktiv mit der Unsicherheit komplexer Projekte umgeht. Scrum-Projekte vermeiden Verschwendung und führen so zu besseren Produkten bei weniger Aufwand. Dies klingt verführerisch. Es gibt aber eine Reihe von Fallstricken. Hier die wichtigsten – in priorisierter Reihenfolge:

1. Das Zusammenspiel der Framework-Elemente unterschätzen.
Scrum umfasst drei Rollen, drei Artefakte, fünf Ereignisse. Alles ist sorgfältig aufeinander abgestimmt. „Scrum-But" („Scrum, aber ...") bringt kaum Mehrwert. Beispiele: das Scrum Projekt mit Projektleiter, die kleine Diktatur mit Product Owner und Scrum Master in Personalunion, das vor harter Realität geschützte Team. Ziel muss sein, die wenigen Regeln zu leben.

2. Die Kultur unterschätzen.
Um den Nutzen von Scrum zu heben ist es entscheidend, die Kultur hinter Scrum zu leben. Die Prinzipien und Werte sind der Schlüssel zur Effizienz. Sie sind mit Scrum erfolgreich, wenn Sie bei der Transformation neben dem Framework auch die Änderung der Projektkultur adressieren.

3. Alles auf einmal erreichen wollen.
Das nächste Risiko: dem Projekt bzw. der Organisation keine Zeit zum Lernen zu geben und sofort alles zu erwarten. Das Scrum Framework umzusetzen und die Prinzipien ernsthaft zu leben ist eine Entwicklung – für ein einzelnes Projekt, und erst recht für die gesamte Organisation. Geben Sie diese Zeit.

4. Keine erfahrenen Coaches stellen.
Oft fehlt ein erfahrener Coach, der Projekten hilft, Scrum und die Prinzipien dahinter in der Praxis zu erleben. Menschen lernen schnell aus negativen und langsam aus positiven Erfahrungen. Ermöglichen Sie Coaching und damit positive Erfahrungen mit einer wirksamen Umsetzung von Scrum.

5. Auf der Teamebene bleiben.
Organisationen führen Scrum oft auf Teamebene ein. Die Teams stoßen schnell an eine Glasdecke, an der es nicht weitergeht. Führungskräfte und Betrieb haben nichts mit Scrum zu tun – viele Kritiker halten sich fern. Scrum stagniert. Schlüssel an dieser Stelle ist es, den Blick von einer Scrum Einführung in einigen Projekten hin zur agilen Transformation der Organisation zu lenken.

6. Chaos-Projekte tarnen.
Chaos-Projekte beachten gern nur die linke Hälfte des agilen Manifests. Chaotische, risikoreiche und ineffiziente Projekte werden bewusst falsch als „Scrum Projekt" deklariert. Solche betrügerischen Projekte verderben schnell den Ruf, vor allem, wenn sie scheitern. Nutzen Sie die Transparenz von Scrum und sorgen Sie dafür, dass wirklich Scrum drin ist wo Scrum drauf steht. So helfen sie Projekten besser zu werden und finden die Chaos-Projekte, die dringend organisiert werden müssen.

7. Bewährte Praktiken verwerfen.
Schnell werfen Projekte – insbesondere die Chaos-Projekte – bewährte Praktiken über Bord, die später wieder mühsam aufgebaut werden. Wenn Sie bei den guten Praktiken auch das Prinzip des Inspizierens und Anpassens leben, dann werden sie das Gute behalten und es gleichzeitig verschlanken.

8. Kein Zielbild
Häufig fehlt einer Einführung von Scrum die Vision der Führung. Was soll erreicht werden? Warum? Wie? Bis wann? Die Vision für die agile Transformation gibt dem gemeinsamen Ziel eine Richtung und ermöglicht der gesamten Organisation die Zielerreichung.

9. Die Veränderung nicht als Transition managen.
Eine Scrum oder Agile Transition ist ein Projekt, das durch Top Down-Unterstützung und -Zielsetzung sowie Bottom-Up-Bewegung die Arbeitsweisen der Organisation ändert. Wenn Sie diese Veränderung bewusst managen, stellen Sie die kritischen Erfolgsfaktoren einer Transition wie z. B. Kommunikation oder Führungsprozess sicher. Diese Faktoren machen eine Veränderung erfolgreich.

Alles auf einmal wollen.

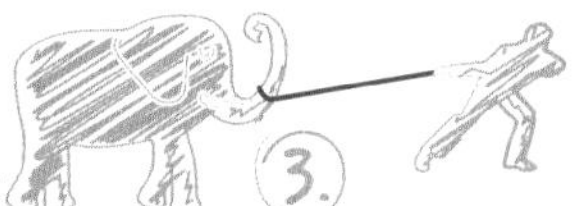

SCRUM <> DEUTSCH

Grundlegend

Values
die Scrum zu Grunde liegende Kultur von Lean, Teamarbeit und empirischer Prozesskontrolle

Agile
schnelle Reaktionsfähigkeit in einer komplexen Welt

Lean
Fokussieren auf das, was für den Kunden Wert schafft und ständig besser werden

Aktivitäten

Sprint
der regelmäßige Takt eines Scrum-Projekts

Sprint Planung
Detailplanung am Anfang eines Sprints

Daily Scrum
tägliche Abstimmung im Team und Tagesplanung

Sprint Review
Produkt-Besser-Mach-Sitzung

Sprint Retrospektive
Arbeit-Besser-Mach-Sitzung

Product Backlog Refinement (früher: Grooming)
Anforderungserstellung, Lieferplanung, Schätzsitzung

Rollen

Product Owner
Produkteigentümer (gerne der Kunde) – verantwortlich für den ROI eines Produkts

Scrum Master
Prozesseigentümer, Schäfer des Teams

Entwicklungsteam
alle, die nötig sind, um das nächste Produktinkrement zu liefern (3–9 Personen)

Scrum Team
alle am Projekt Beteiligten (Product Owner, Scrum Master, Entwicklungsteam)

Stakeholder
vom Projekt Betroffene

Artefakte

Inkrement
Ein fertiges Teil vom Produkt

Product Backlog
Anforderungsliste

Sprint Backlog
Umsetzungsplan für den Sprint

Sprint Ziel
Ein Satz der beschreibt, was im Sprint erreicht werden soll

Definition of Done
Qualitäts- und nichtfunktionale Anforderungen an die im Sprint zu liefernden Ergebnisse

Techniken

Collocation
örtliche Zusammenarbeit

Produktvision
das visionäre Ziel was werden soll

Board
Visualisierung, häufig an Wänden, von allem was transparent und sichtbar gemacht werden soll (Sprint-Board, Product-Board, ...)

User Story
Formulierung einer funktionalen Anforderung in normaler Sprache

Definition of Ready
Kriterium an eine Anforderung, damit sie gut genug für die Sprintplanung ist

Story Points
Schätzeinheit die relativ zu einer vom Team festgelegten Anforderung ist (ähnlich wie Function Points, nur einfacher)

Planning Poker
Delphi-Schätzverfahren, um zu guten Aufwandsschätzungen zu kommen

Burndown
Fortschrittsmessung, entweder vom Sprint (Sprint Burndown) oder für die nächste Auslieferung (Release Burndown)

Velocity
Entwicklungsgeschwindigkeit des Teams

Release
ein ausgeliefertes Inkrement

Impediment Backlog
Liste der Verbesserungsaufgaben

INDEX

Symbole

A

B

C

D

E

T

U

V

W

Z

SIE SIND DRAN.

Ihre Kritik ist wertvoll.

Sie halten gerade die zweite Version des Ultimativen Scrum Guides in der Hand. Das Wissen, das Sie hier finden, dürfen Sie natürlich behalten. Sollten Sie aber Fehler finden, dann geben Sie sie uns bitte zurück, damit die nächste Auflage noch ein Stückchen ultimativer wird.

Ihre Ideen sind wertvoll.

Ihre Ideen, wie wir diesen Guide noch umfassender machen können, sind jederzeit herzlich willkommen. Denn Sie sind der Nutzer. Was ist Ihre Story?

Als ....
möchte ich ....
damit ....

Ihre Geschichten sind wertvoll.

Wenn Sie selbst Geschichten aus dem wahren Leben haben, die den einen oder anderen Aspekt von Scrum und agilen Arbeitsweisen beleuchten oder zeigen, wie manches funktioniert und anderes nicht, sprechen Sie uns gerne an. Wir freuen uns über Ihren Beitrag zu diesem Buch!

» info@wibas.de

TURNING VISIONS INTO BUSINESS

So erreichen Sie uns:

wibas GmbH
Management Consultants
Otto-Hesse-Straße 19 B
64293 Darmstadt

Tel.: +49 (0) 6151 503349-0
Fax: +49 (0) 6151 503349-33
E-Mail: info@wibas.de
Internet: www.wibas.de

wibas setzt seit Jahren erfolgreich Scrum bei Kunden ein. Unser Leistungsspektrum erstreckt sich von der Einführung von Scrum in Entwicklungsprojekten bis hin zur Steuerung ganzer Organisationen mit Hilfe von Scaled Scrum. Kunden schätzen an uns, dass wir sie befähigen, in kurzer Zeit operativ mit Scrum Teams zu starten, die frühzeitig gute Ergebnisse liefern. Unser Wissen basiert auf eigener Anwendung. Bei wibas arbeiten alle Teams agil, egal ob es sich um Entwicklung, Marketing, IT-Support oder Unternehmensführung handelt.

HILFREICH FÜR SCRUM TEAMS

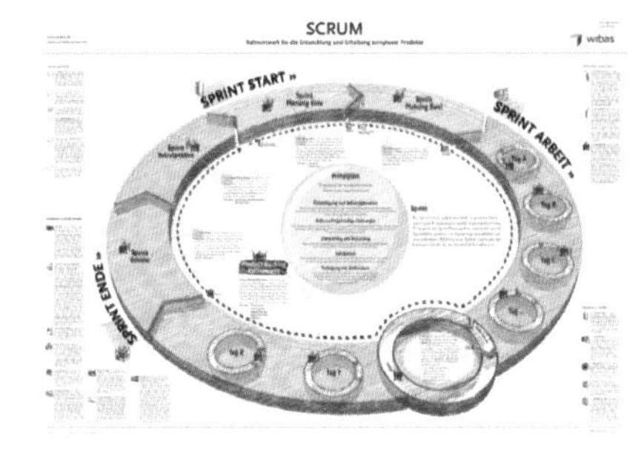

Neben zertifizierten Workshops zum Scrum Master, Product Owner oder Scrum Developer unterstützen wir Sie und Ihre Teams auch mit vielen Produkten rund um das Thema Scrum:

Scrum Poster
In hoher Qualität und im großzügigen DIN A0-Format beinhaltet es alle relevanten Informationen auf einen Blick. Ideal für Teambüros und für die Verbreitung von Wissen in Ihrer Organisation. So lässt sich Scrum leicht erklären.

Scrum Kompakt
Hier finden Sie reichhaltiges Wissen zusammengefasst und um hilfreiche Checklisten ergänzt im handlichen DIN A5-Format. So haben Sie alles was Sie benötigen stets in der Jackentasche dabei. Perfekt für jeden Mitarbeiter.

Planning Poker
Unersetzlich für jedes Scrum Team. Schön gestaltet und mit mehrsprachigen Erläuterungen, ist das Planning Poker-Set das ultimative Hilfsmittel für jede Sprint Planung, wenn es um das Schätzen von Aufwänden geht.

Der ultimative Scrum Guide
Dritte Auflage 2015
Herausgegeben, verlegt und gestaltet von wibas GmbH
Erstveröffentlichung Mai 2013

Autoren (in alphabetischer Reihenfolge):
Jörg Battenfeld, David Croome, Manuel Dorn, Malte Foegen,
Caroline Gansser, Anna Katharina Kröll, Astrid Meyser,
Simon Porro, Claudia Raak

ISBN 978-3-981-58375-5

www.wibas.de